Über dieses Buch Aus der Sicht eines Hitler-Jungen und Flakhelfers beschreibt Borkowski die Kriegsjahre 1942–1945, die er in Berlin miterlebte. Für heutige Leser erregend vermittelt Borkowski atmosphärisch genau die Gedankenwelt der damaligen Jugendlichen. In Tagebuchform schildert er sein Engagement in der HJ, seine Erfahrungen an der Heimatfront, das Grauen der Bombennächte. Hier können Erwachsene (als Erinnerung) und junge Menschen (als Warnung) nachvollziehen, wie schwer es gerade für Heranwachsende gewesen ist, sich der Faszination mancher Nazi-Ideen, aber auch der Macht des Hitler-Staates zu entziehen. Beim Erscheinen der Originalausgabe schrieb ein Kritiker: »Ich würde keinen Augenblick zögern, das Buch in ein paar Jahren meinem Sohn zu geben, wenn er mich fragte, wie Jungen seines Alters während des Dritten Reiches gelebt haben.«

Der Autor Dieter Borkowski, Jahrgang 1928, hat bis vor wenigen Jahren in der DDR gelebt. Kriegsgefangenschaft in der Sowjetunion, nach der Rückkehr Geschichtsstudium, anschließend journalistische Ausbildung beim Berliner Rundfunk; wurde in den siebziger Jahren verhaftet und zu sieben Jahren Zuchthaus verurteilt, als bekannt wurde, daß er jahrelang unter Pseudonym für »Die Zeit« aus der DDR berichtet hatte; wurde in die Bundesrepublik entlassen; lebt als freier Autor in Loccum. Vom selben Autor ist im S. Fischer Verlag lieferbar: »Für jeden kommt der Tag. Stationen einer Jugend in der DDR.« (1981)

Dieter Borkowski

Wer weiß, ob wir uns wiedersehen

Erinnerungen an eine Berliner Jugend

Fischer
Taschenbuch
Verlag

Ungekürzte Ausgabe
Fischer Taschenbuch 3479
Januar 1983
Umschlaggestaltung: Jan Buchhholz/Reni Hinsch
Fischer Taschenbuch Verlag GmbH, Frankfurt am Main
Lizenzausgabe mit freundlicher Genehmigung
der S. Fischer Verlags GmbH, Frankfurt am Main

Gesamtherstellung: Hanseatische Druckanstalt GmbH, Hamburg
Printed in Germany
780-ISBN-3-596-23479-4

Für Boris und Kristina

Vorbemerkung

Auch Tage-Bücher haben ihre Schicksale.
Am 2. Mai 1945 auf dem langen Marsch in die Gefangenschaft traf mich noch in den Trümmerstraßen Berlins am Alexanderplatz ein Schrei wie ein Peitschenschlag. Am Ruinenrand der zerborstenen Frankfurter Allee hatte mich die Mutter meines einstigen Schulfreundes Botho Schulz erkannt. Ich drückte ihr ein während des Marsches gekrakeltes Lebenszeichen an meine Mutter und das kleine Tagebuch in die Hand, das ich zu Beginn des Kampfes um Berlin dem Kleiderspind in der Flakbatterie Friedrichshain entnommen hatte. Im Herbst 1945, aus dem Kriegsgefangenenlager heimgekehrt, holte ich es mir von der Frau zurück.
Am 9. Juni 1960 transportierten es die Häscher des Ministers für Staatssicherheit in Ost-Berlin beim Ausräumen meiner Bibliothek in ihre Kasematten ab. Ich sah es niemals wieder. Allerdings wußte es der Vernehmungsoffizier (der, wie in diesem Haus üblich, anonym blieb) einzuschätzen: »Ein abscheuliches Machwerk faschistischer Propaganda und Hetze – das wird natürlich eingezogen!« Mit Tausenden von Buchtiteln »imperialistischer Machart« wurden meine Tagebücher – umfangreiche Diarien, bis zum Juni 1960 geführt – beschlagnahmt. In den Jahren der folgenden Einzelhaft ohne Fensterlicht, ohne Bleistift, ohne Papier, ohne Zeitung, ohne Radio und ohne Bücher nach meiner Wahl lernte ich es, die oft gelesenen und besprochenen Erlebnisse einer gestohlenen Kindheit und Jugend wieder lebendig werden zu lassen. Die Reichshauptstadt Berlin und Adolf Hitlers »Großdeutschland« gingen 1945 unter. Zehntausende junger Menschen starben allein in dem letzten Kriegsjahr, ohne zu wissen, warum sie ihr Leben verloren. Ihnen und dem Andenken meiner Mutter sind diese Aufzeichnungen gewidmet.

D. B.

Berlin, Grimmstraße 17, den 2. November 1942

Gestern, an meinem vierzehnten Geburtstag, erlebte ich eine Überraschung. Meine Mutter schenkte mir ein Tagebuch. »Versuche einmal, täglich ein paar Zeilen einzutragen. Du weißt ja, ich mache das seit vielen Jahren. So ein Tagebuch kann einem in schlimmen Zeiten ein guter Kamerad sein. Ich habe seit dem Jahr, als ich meine Mutter verlor, immer Tagebuch geführt, nein, nicht täglich. Aber schau in den Schreibtisch, da liegt mein Leben in diesen vielen Wachsbuch-Diarien aufgezeichnet. Immer stelle ich mir vor, daß ich dir und deinem Bruder später einmal daraus vorlesen werde, von deinem Vater, der so früh starb und mir manches für dich auftrug, was ich dir erst sagen kann, wenn du größer bist...«
Das sagte meine Mutter, während wir im Wohnzimmer den festlichen Geburtstagstisch ansahen, auf dem sie vierzehn Kerzen angesteckt hatte. Ich freute mich im ersten Moment nicht sonderlich über das blaueingebundene Heft, vielmehr blickte ich in die Bücher, die sie und mein Bruder Guntram mir geschenkt hatten. »Vom Zarenadler zur roten Fahne«, ein geschichtliches Buch mit vielen Bildern aus Rußland, dann eine Ausgabe von Schillers Dramen aus dem Antiquariat, auf die ich mich freue, denn bisher habe ich nur den Wilhelm Tell in einer ganz zerlesenen Reclamausgabe noch aus Vaters Bücherschrank gehabt. Tante Grethe, Mutters alte Jugendfreundin, die selbst eine Buchhandlung hat, schenkte mir ein Buch, das ich mir schon lange wünschte und das jetzt neu aufgelegt wurde, »Von Potsdam nach Doorn« von Reventlow. Es handelt von dem letzten deutschen Kaiser Wilhelm II. Wir saßen in einem netten kleinen Kreis bei Kaffee und Kuchen zusammen, der Großvater Menzel, Mutters Vater, dann noch zwei Klassenkameraden, Gerhard Richter und Botho Schulz. Es wurde früh dunkel, leise tropfte von den alten Platanen im Grimmpark der Herbstregen. Aber es gab keinen Fliegeralarm...

Grimmstraße 17, den 9. November 1942

Zu meiner Schande muß ich zugeben, daß ich erst heute wieder das Tagebuch in die Hand genommen habe. Und fand zwei Eintragungen vor, die ich am 1. November nicht bemerkt hatte. »Wir haben doch nur einen Gott, den Vater, von welchem alle Dinge sind und wir durch IHN. 1. Korinther 8,6.« Das hat Mutter mit ihrer klaren geraden Schrift über die erste Seite gesetzt. Ein Stück darunter ein Wort von Friedrich Schiller, ihrem Lieblingsdichter: »Nur das feurige Roß, das mutige, stürzt auf der Rennbahn, mit bedächtigem Paß schreitet der Esel daher.« Heute will ich eine Eintragung machen, weil ich sehr aufgewühlt bin von einer Rede, die der Führer gestern in München hielt. Er sprach von dem Sieg bei Stalingrad, der so gut wie errungen sei, denn unsere Soldaten hielten die Wolgaufer besetzt, es käme kein Nachschub an Öl, Weizen, Kohle und Munition mehr den Fluß herauf. Wenn wir diese große russische Stadt noch nicht vollkommen genommen haben, dann liegt das daran, daß der Führer kein zweites Verdun haben will. Das ist beruhigend, denn viele Menschen wundern sich, daß unsere Armee die Stadt nun seit Monaten belagert, der russische Widerstand jedoch andauert. Einige Sätze blieben mir besonders in dieser Rundfunkübertragung haften: »Ich wollte zur Wolga kommen, und zwar an einer bestimmten Stelle, an einer bestimmten Stadt. Zufälligerweise trägt sie den Namen von Stalin selber. Aber denken Sie nur nicht, daß ich aus diesem Grunde dorthin marschiert bin – sie könnte auch ganz anders heißen –, sondern weil dort ein ganz wichtiger Punkt ist. Dort schneidet man nämlich dreißig Millionen Tonnen Verkehr ab, darunter fast neun Millionen Tonnen Ölverkehr. Dort floß der ganze Weizen aus diesen gewaltigen Gebieten der Ukraine, des Kubangebietes, zusammen, um nach Norden transportiert zu werden. Dort ist das Manganerz befördert worden; dort war ein gigantischer Umschlagplatz. Den wollte ich nehmen und – wissen Sie – wir sind bescheiden, wir haben ihn nämlich! Ich höre immer erst grundsätzlich fünf Minuten nach zwölf auf!« Daß uns der Sieg sicher ist, daran kann kein Mensch zweifeln, wir halten ja fast ganz Europa besetzt. Die Versorgung mit Lebensmitteln, aber auch mit Kohlen ist ja in diesem Jahr viel besser als noch vor einem Jahr, als wir uns die Kohle rucksackweise vom Kohlenhändler Behrend aus der Dieffenbachstraße herantragen mußten. Und die englischen Flugzeuge haben Berlin nun schon lange nicht mehr besucht. Wenn ich da an den vorigen Winter denke! Manchmal mußten wir zwei- oder sogar dreimal nachts in den Keller. Wir kamen kaum noch aus den Betten vor Übermüdung! Vielleicht sollte ich auch das in mein Tagebuch eintragen: Das geschichtliche Buch über die bolschewistische Revolution »Vom Zarenadler zur roten Fahne« habe ich in acht Tagen ausgelesen, obwohl es Hunderte von Seiten hat. Spannend und interessant, weil es nicht nur die Geschichte des Untergangs der Zarenherrschaft berichtet, sondern weil der Erzähler – im Buch nennt er sich Sascha Sablin – auch von seinem privaten Schicksal erzählt. Die Liebe kommt nicht zu kurz, die tollen Mädchen aus dem alten St. Petersburg haben mich ganz schön erregt. Ich mußte das alles heimlich lesen, nachts, mit der Taschenlampe unter der Bettdecke, denn wenn Mutti wüßte, was alles in dem Buch steht, hätte sie es mir bestimmt nicht geschenkt. Schrecklich geht es mit dem Offizier Sascha nach der Revolution zu Ende. Ein eigener Sohn foltert ihn zu Tode. Während der Vater Adjutant beim Zaren war, wurde der Sohn – allerdings ein uneheliches Kind – bolschewistischer Kommissar.

Grimmstraße 17, den 15. November 1942

Nein, es ist überhaupt nicht möglich, täglich eine Eintragung zu machen. Da sind ja nicht nur die Schule und nachmittags die Schularbeiten, die übrigens nicht mehr soviel Zeit beanspruchen wie früher, es geht auf den Abschluß zu. Die Hitler-Jugend-Dienste nehmen wieder sehr zu, Heimabende, Appelle und dann die Bastelarbeiten für den Weihnachtsmarkt, bei dem ich diesmal selbst einen Stand zum Verkaufen von Spielzeug übernehmen soll. Ich bin vor einigen Tagen für das Ausbildungs-Fähnlein unseres Jungbanners 155 abkommandiert worden, und die erste Aufgabe, bei der ich mich zu bewähren habe, ist dieser Einsatz beim Weihnachtsmarkt der Hitlerjugend. So bin ich dreimal in der Woche beim Basteln von kleinen Panzerwagen im Urban-Heim, die wir als Spielzeug verkaufen wollen zugunsten des Kriegswinterhilfswerkes. Und dann trage ich noch Verantwortung für die Altmaterialsammlung von Lumpen, Knochen, Papier und altem Eisen innerhalb der Schule, dafür bin ich sogar täglich eine Stunde vom Schulunterricht freigestellt. Das meiste Altverwertungsprodukt ist jetzt Papier, alte Zeitungen und auch Bücher, Eisen und Lumpen sind schon kaum noch aufzutreiben, dafür gab es ja auch immer die höchsten Punkte im Wettbewerb.

Grimmstraße 17, den 3. Dezember 1942

Heute haben wir am Nachmittag schon viele Kisten in die Keller des Schlosses gefahren, in denen unsere Verkaufsgegenstände für den Weihnachtsmarkt gepackt waren. Das alte Barockschloß an der Spree ist ja ein Riesenbau und die Keller sind ungeheuer weiträumig und fest. Als der Einsatz unter Fähnleinführer Lauke vorüber war, bin ich nicht gleich nach Hause gefahren, sondern habe mir das Schloß, in dem seit Hunderten von Jahren die Könige von Preußen und seit 1871 die deutschen Kaiser ihre Residenz hatten, angesehen. Mein Gott, haben diese Herrschaften große und schöne Räume gehabt! Der Weiße Saal mit dem Thron des Kaisers hat mir sehr gefallen. Sehr komisch fand ich in der Schloßkapelle, in der zum letzten Mal 1913 alle Könige von Europa zusammenkamen, um die Hochzeit der Kaisertochter Viktoria-Luise mit dem Herzog von Braunschweig zu feiern, das Christusbild. Niemand von den Besuchern erkannte, wer zu diesem Christus Modell gestanden hatte. Der Schloßführer erklärte es, Zar Nikolaus von Rußland schenkte dieses Bild dem Kaiser Wilhelm. Dieser Christuskopf stellte den russischen Wundermönch Rasputin dar, von dem ich gerade so schreckliche Sachen in dem Buch »Vom Zarenadler zur roten Fahne« gelesen habe. Die weiße große Marmortreppe, die in die Festsäle des Schlosses führt, haben die preußischen Könige nicht mehr benutzt, seitdem 1806 Kaiser Napoleon I. Berlin erobert hatte und dort hinaufschritt.

Grimmstraße 17, den 18. Dezember 1942

Bei der Eröffnung des Weihnachtsmarktes der Hitlerjugend im Lustgarten ist mir etwas Schlimmes passiert. Reichsminister Dr. Goebbels eröffnete als Gauleiter der NSDAP von Groß-Berlin diese Großveranstaltung. Erst sah ich zu meinem Schreck, daß er sehr klein war und humpelte, als er zu den Stufen des Alten Museums emporstieg. Und dann ging er langsam mit seiner Frau, die übrigens viel größer als er ist, in Begleitung vom Reichsjugendführer und vielen Parteiführern durch die Marktstraßen, kam auch zu meinem Stand, interessierte sich aber nicht für meine Spielzeugpanzer. Am Nebenstand blieb er stehen, seine fünf Töchter bewunderten die Puppen dort, und dann sagte Dr. Goebbels: »Kaufen wir doch für die kleine Heide eine schöne Puppe!« Die kleine Tochter trug ein Adjutant auf den Armen. In diesem Moment drückten neugierige Zuschauer und Käufer von hinten auf mich und schoben mich dem Minister so nahe, daß ich ihm auf die Füße trat. Er sagte kein Wort, ich brachte ebenfalls keine Silbe hervor, doch der Reichsjugendführer Axmann schnaubte mich an: »Du häßliches kleines Würstchen!« Mir fiel auf, daß die Kinder von Dr. Goebbels eigentlich krank aussahen, so als ob sie in einer ganz anderen Welt lebten als ich und meine Kameraden. Es schneite und war sehr kalt geworden. Ich fror während des Verkaufs und wäre auch gerne einmal mit so einem großen Mercedes-Wagen nach Hause gefahren worden, wie ihn die Familie des Propagandaministers bestieg. Wo der wohl seine Wohnung hat?

Grimmstraße 17, den 26. Dezember 1942

Ein schönes Weihnachtsfest, fast wie im Frieden! Es gab reichliche Sonderzuteilungen an Fleisch und Mehl und Zucker, dazu bekam unsere Mutter von ihrer Dienststelle, bei der sie als Sekretärin kriegsdienstverpflichtet ist, Beuteware, ein Huhn und dazu noch griechischen Süßwein. Der Tannenbaum stand zum erstenmal in unserer neuen großen Wohnung, die kleinen silbernen und goldenen Kienäpfel, die noch unser Vater vor mehr als zehn Jahren bemalt hatte, dazu die weihnachtlichen Bilder und die Krippe in dem Stall, den er selber gebastelt hatte, das nahm sich in dem Wohnzimmer viel schöner aus als früher in der kleinen engen Hinterhofwohnung. Einzigen Grund, nicht ganz zufrieden zu sein, bot der Wehrmachtsbericht, der jetzt wieder von schweren Kämpfen in Stalingrad spricht, das der Führer doch schon vor vielen Wochen als fest in deutscher Hand befindlich bezeichnete. Der russische Koloß war doch schon längst geschlagen, wieso konnten unsere Soldaten nun in solch schwere Abwehrkämpfe geraten?

Grimmstraße 17, den 1. Januar 1943

Ein neues Jahr hat begonnen, draußen sieht man Schnee im Park liegen, die Neujahrsglocken läuten das vierte Kriegsjahr ein. Auch Pastor Wollenberg sprach in der Jesuskirche davon, daß 1943 uns den endgültigen Sieg bringen würde, denn unsere Soldaten kämpfen ja für die gerechte Sache Großdeutschlands.

Allerdings gibt es auch Pastoren, die gegen Adolf Hitler sind, was ich nicht begreife. Tante Ruth, eine Freundin unserer Mutter, ist kürzlich von der Polizei vernommen worden, weil sie an einem Bittgottesdienst für einen Pastor Niemöller teilnahm, der verhaftet ist. Mutter kann uns das auch nicht erklären, Tante Ruth allerdings spricht von einem Lager, in dem dieser Pastor sei, dort müsse er hart arbeiten. Wie kann man nur gegen den Führer sein, die Pastoren in den Kirchen, in denen ich schon war, in den Ferien zum Beispiel, beten doch alle für den Führer, seine Ratgeber und den Sieg unserer Waffen. Unser Schulrektor Fredersdorf sagte kürzlich, daß der Endsieg gegen das kommunistische Rußland völlig sicher sei. In einem Aufsatz im Fach Geschichte, den ich im September über die Schlacht bei Stalingrad geschrieben habe, erhielt ich für den Nachweis, warum unsere Soldaten gerade in Rußland bewiesen hätten, daß sie die beste Armee der Welt seien, die Note Eins. Ich soll übrigens im neuen Jahr die Hitlerjugendführerschule Storkow besuchen, nur unsere Mutter ist darüber nicht sehr froh. Ich glaube, sie hat Angst, ich werde zu selbständig. Ich freue mich schon auf die alte Burg in Storkow und auf die Gemeinschaft mit den Kameraden des Jungvolks. Sicher wird dort auch über die deutsche Geschichte gesprochen, die mich am meisten interessiert.

Grimmstraße 17, den 16. Januar 1943

Mutti hat mir eine große Freude gemacht. »Ich habe Vertrauen zu dir, du bist ja nun bald ein Erwachsener. Ab 1. Februar mußt du nicht mehr in den Hort gehen!« Der Hort der Kirchengemeinde in der Wassertorstraße mit dem alten »Papa Didden« ist mir schon lange lästig. Zwar hat mich der Alte wohl gern gehabt, ich durfte meine Schularbeiten immer in seinem kleinen Zimmer machen. Doch seine Nachmittagsgeschichten – wir nannten sie »Spinngeschichten« –, die ich seit zwei Jahren allesamt schon mehrfach gehört habe, sind mir gründlich satt. »Friedrich, Freiherr von der Trenck«, »Klaus Störtebecker« oder »Friedemann Bach«, das ist ja alles gut und schön, aber heute interessieren mich ganz andere Sachen, die mir Papa Didden nicht erklären kann. Und dann meine unglückliche Liebe zu der hübschen Iris, die mich ohrfeigte, als ich ihr den ersten Kuß geben wollte! Nein, ich bin sehr froh, daß ich nicht mehr in diesen Hort gehen muß. Das wird prima, wenn ich dann die Nachmittagszeit für mich habe, ich will mir viele Bauten im alten Berlin ansehen und auch die Museen besuchen. Es ist eigentlich ein schönes und auch seltsames Gefühl, bald ein erwachsener Mensch zu sein. Was waren das für kindische Spiele, als ich mit Guntram vor zwei Jahren in diesen Hort kam. Mutter wurde damals kriegsdienstverpflichtet und ist seitdem täglich zehn Stunden von zu Hause fort. Ich hatte ein altes Buch, den Roman »Lichtenstein« von Wilhelm Hauff, gelesen, seitdem spielten wir mit unserer Clique immer wieder diese Rittergeschichte. Wir bastelten uns hölzerne Schilde und Schwerter und bauten uns aus einem geklauten Laken sogar ein Zelt auf dem Hof des Hortes. Später, als wir den großartigen Film »Kadetten« gesehen hatten, spielten wir diese Geschichte. Wie im Siebenjährigen Krieg die Russen Berlin erobern und ein preußischer Offizier die Kadetten als junge Kriegsgefangene der Zarin ausliefern soll. Aber der verräterische Rittmeister – Mathias Wieman stellte ihn dar – kommt dann doch noch zur Besinnung. Er erkennt in dem Kosakenoberst Goroscheff den Todfeind Preußens, und so flieht er mit den Berliner Kadetten in eine alte Redoute, die er so lange verteidigt, bis König Friedrich seine zukünftigen Offiziersanwärter befreit. Zuvor aber schießt der preußische Rittmeister den Kosakenoffizier, der immer betrunken ist, nieder und büßt mit seinem eigenen Tod den früheren Verrat.

Grimmstraße 17, den 3. Februar 1943

Unvorstellbares ist geschehen. Soeben hatten wir in der Schule eine Trauerfeier für die Sechste Armee, die heldenhaft in Stalingrad untergegangen ist. Noch nie sah ich die Lehrer so niedergedrückt, einzig Rektor Fredersdorf, der die Ansprache hielt, schien nicht verzweifelt. In der Aula mußten wir uns alle versammeln, nachdem wir erst vor drei Tagen dort zur Feier der Machtergreifung vor zehn Jahren die Rede des Reichsmarschalls Hermann Göring als Rundfunkübertragung anhörten. Der Führer hat sich also geirrt! Die Russen haben unsere ganze Stalingrad-Armee eingekreist und sie vernichtet. Lehrer Schneider, der noch im Dezember aus dem Kessel geflogen wurde, weil man ihm einen Arm zerschossen hatte, sprach kurz nach dem Rektor. Das klang nicht sehr froh und zuversichtlich! Eigentümlich finde ich es, daß der Führer nicht selbst spricht, schon am 30. Januar hätte er das doch tun müssen. Nun wurde

bekannt, daß eine neue Sechste Armee aufgebaut werden soll. Überhaupt scheint der Krieg noch lange nicht gewonnen zu sein, im Wehrmachtsbericht hört man wenig von unseren U-Booten und der Versenkung feindlicher Geleitzüge. Und auch das Afrika-Korps unter Generalfeldmarschall Rommel hat sich nach Westen zurückgezogen, obwohl Rektor Fredersdorf im September von der baldigen Einnahme Kairos redete. Zum Abschluß der Feier für die Toten sangen wir das Lied: »Deutschland, heiliges Wort, du voll Unendlichkeit, über die Zeiten fort, seist du gebenedeit.« Es ist ein schönes Lied. Aber als ich einen Moment nicht mitsang, weil ich darüber nachdachte, was »gebenedeit« heißt, schlug mir der widerliche Gesangslehrer Herr Berg mit der Stimmgabel auf den Kopf. Konnte der Kerl nicht lieber in Stalingrad kämpfen?
Ich sitze an meinem Tisch und blicke zum Fenster hinaus. Die Bäume im Grimmpark sind kahl, auf dem Brunnen mit den Bronzefiguren, die Deutschlands Flüsse darstellen, den Rhein, die Donau, die Elbe und den Main, ist dicker Schnee. Winternebel liegt über allem und versperrt den Blick zu den Türmen der Melanchthonkirche. Aber ihre Glocken dröhnen bis zu mir ins Zimmer. Der Führer hat drei Tage Volkstrauer für die Helden der Stalingrad-Armee angeordnet. Ich denke daran, daß die Glocken schon einmal drei Tage lang läuteten, das war vor drei Jahren, und Adolf Hitler kehrte als Sieger aus Paris nach Berlin zurück. Damals dachten wir schon, der Krieg wäre gewonnen.

Grimmstraße 17, den 9. Februar 1943

Im Urban-Heim der Hitlerjugend hatten wir heute einen Appell, der in ganz Berlin von allen Stämmen und Fähnlein durchgeführt wurde. Der Reichsjugendführer hatte den Befehl gegeben, daß die älteren Jahrgänge der Hitlerjugend nun die Opfer der Stalingradkämpfe ersetzen sollen. Leider falle ich nicht darunter, doch wenn der Krieg noch etwas dauert, dann werde ich wahrscheinlich noch als Luftwaffenhelfer bei der Flak Dienst tun. Es sprach der Stammführer, der das Ausbildungsfähnlein unseres Jungbannes 155 leitet, er heißt Karl-Heinz Wirzberger und ist sehr schneidig. Er sagte, daß das Weltjudentum zum Kampf gegen die germanische Rasse angetreten sei, Deutschland, das unter Hitlers Führung diese Gefahr der Verjudung erkannt habe, solle ausgerottet werden. Es gehe heute um einen erbarmungslosen Vernichtungsfeldzug gegen

die Plutokraten und Bolschewisten, die gemeinsam von Juden regiert werden. Dabei wird die arische Herrenrasse siegen. Nur müßten wir jede Feigheit überwinden und dürfen mit dem Gegner kein Mitleid haben. Das gelte auch für die Kriegsgefangenen und Fremdarbeiter, die fremden Rassen angehören und unser Volkstum ausrotten wollen. »Mit der Jugend, die stolz darauf ist, den Namen des Führers zu tragen, wird Adolf Hitler den Endsieg erringen, mag kommen, was immer auch wolle!«
Wir standen im Hof des Heimes in der schwarzen Winteruniform im Karree angetreten und sangen gemeinsam das Lied »Vorwärts, vorwärts, schmettern die hellen Fanfaren, vorwärts, vorwärts, Jugend kennt keine Gefahren, ist das Ziel auch noch so hoch, Jugend zwingt es doch! Unsere Fahne flattert uns voran, in die Zukunft ziehn wir Mann für Mann. Mögen wir auch untergehn, Deutschland, du wirst leuchtend stehn ... ja die Fahne ist mehr als der Tod ...«
Im Anschluß an diesen Appell ging ich zu Fuß in die Stadtmitte, und zwar über das Hallesche Tor in die Wilhelmstraße, wo ich Ecke Voßstraße die Neue Reichskanzlei bewunderte, in der unser Führer und Reichskanzler arbeitet, wenn er in Berlin ist. Wie eiserne Denkmäler stehen vor den beiden großen Eingängen die Posten der Leibstandarte SS »Adolf Hitler« mit weißem Koppel- und Lederzeug zur schwarzen Uniform. Leider wehte die Standarte des Führers nicht auf dem Dach, weil der jetzt meistens in seinem Hauptquartier ist. Auf dem Wilhelmplatz sah ich mir die alten Denkmäler der Generale Preußens an. Der »Alte Dessauer« steht dort neben dem Kürassiergeneral von Seydlitz, dem Husarengeneral von Zieten und dem General von Winterfeldt.

Grimmstraße 17, den 20. Februar 1943

Gestern wurde ich als bester Altstoffsammler unserer Schule mit einer Buchprämie ausgezeichnet. Ich hatte mehr als tausend Punkte im Wettbewerb erzielt, die aber sauer genug verdient sind. Vor allem habe ich große Papiermengen gesammelt, die ich aus den drei Mietshäusern zusammenholte, für die ich verantwortlich bin (jeder Schüler sollte zumindest ein Haus in jeder Woche aufsuchen). Ich erhielt des Führers Buch »Mein Kampf« mit einer Widmung, die der Gauleiter von Berlin Reichsminister Goebbels selbst unterschrieben hat. »Für hervorragenden Einsatz bei der Sicherstellung kriegswichtigen

Altmaterials« lautete der Text. Jetzt will ich endlich das sehr dicke Buch selbst ganz lesen, bisher kenne ich nur Auszüge aus unserem Klassenlesebuch und aus dem Schulungsmaterial der Hitlerjugend. Allerdings habe ich auch ein schlechtes Gewissen, denn als die alte Frau Markus mir neulich einen Pappkarton mit alten aussortierten Büchern ihres verstorbenen Mannes gab, konnte ich nicht widerstehen, mir zwei davon für meine eigene Bibliothek zu nehmen. Es waren einmal Schillers »Geschichte des Abfalls der Niederlande von der spanischen Regierung« und ein Gedichtband eines Mannes namens Heinrich Heine, von dem ich noch niemals etwas gehört hatte. »Deutschland, ein Wintermärchen« las ich begeistert, obwohl ich nicht alles verstand. Soviel jedoch ist mir klar, da reiste ein Mann im vorigen Jahrhundert aus Frankreich nach Hamburg, um seine alte Mutter wiederzusehen. Die Fahrt mit der Postkutsche quer durch Westfalen schien lustig, aber der Dichter macht auch recht bissige Bemerkungen, komischerweise häufig gegen Preußen. Packend, doch von ganz anderer Art ist die historische Abhandlung von Schiller, der ja auch Professor für Geschichte war, was ich dem Vorwort mit Erstaunen entnahm. Wie die Holländer vor vierhundert Jahren sich gegen die spanischen Unterdrücker erhoben, wie Graf Egmont und Wilhelm von Oranien gegen Kaiser Karl V. und später seinen Sohn Philipp von Spanien tapfer kämpfen, das ist großartig geschildert. Was für eine grauenhafte Zeit muß das gewesen sein, wo man Menschen verbrannte, nur weil sie anders dachten als die katholischen Fürsten! Dagegen hatten wir Martin Luther als Befreier von solchem Joch. Ja, die Geschichte ist eine gewaltige Wissenschaft, wie schön wäre es, wenn man viel mehr Zeit dafür hätte!

Grimmstraße 17, den 2. März 1943

Damit hat niemand gerechnet! Nach längerer Pause kamen englische und amerikanische Bomber gestern am hellen Tag und richteten große Schäden in der Stadtmitte an. Und dabei war das doch für unsere Flieger ein Feiertag, eben der »Tag der Luftwaffe«. Sehr peinlich für den Reichsmarschall Göring, der einmal gesagt hat, er möchte Meier heißen, wenn nur ein feindliches Flugzeug dazu käme, über dem Reichsgebiet Bomben abzuwerfen. Ich wurde mit einem Trupp Hitlerjugend in die Friedrichstraße befohlen, um zu löschen und dann aufzuräumen, und sah sehr schlimme Bilder. Tatsächlich gibt es deutsche Volksgenossen, die plündern, wenn der Feind unsere Städte aus der Luft angreift. Das kann ich überhaupt nicht begreifen. Da war das große Haus Friedrichstraße, Ecke Behrenstraße in Flammen gebombt, und ich konnte Deutsche sehen, die stahlen aus den Geschäften, bis unser Fähnleinführer Lauke die Polizei herbeirief. Dann türmten diese Feiglinge mit den erbeuteten Sachen. Der Geschäftsinhaber, der infolge des Bombenangriffs irgendwo festgehalten war, kam zu spät und jammerte über seinen Verlust. Ekelhafter beizender Geruch und dunkle Brandwolken standen viele Stunden über der Stadtmitte von Berlin, verkohlte Balken fielen aus brennenden Häusern; sogar in der Prachtstraße Unter den Linden gab es solche Zerstörungen. Im Kino »Camera«, das in der Nähe liegt und wertvolle alte Filme als Wiederaufführung zeigt, sah ich dann am späten Nachmittag den Film »Ohm Krüger«, der beweist, wie die Engländer schon vor vierzig Jahren hundsgemein kleinere Völker unterdrückten oder auch ausrotteten. Das Burenvolk in Südafrika wird mit Krieg überzogen, der fast blinde Präsident Krüger erbittet in Europa Hilfe, die feigen Fürsten (auch Deutschlands Kaiser Wilhelm) verweigern sie ihm. So geht das tapfer kämpfende Volk durch die britischen Kolonialarmeen unter. Was mich am meisten empörte, unschuldige Frauen und Kinder werden in große Lager gesperrt und gequält. Ein englischer Sergeant bewacht so ein »Konzentrationslager« – so nennt er es wohl –, und während er seiner Bulldogge Schinken zuwirft, verhungern Frauen und Kinder im Lager. Es dunkelte schon, als ich aus dem Kino kam. Es war kalt, doch in mir war Gluthitze. Ich spürte zum erstenmal bewußt, was Haß ist. In der Friedrichstraße und bis zum Halleschen Tor schwelten noch immer einzelne Brände in zerstörten Wohn- und Geschäftshäusern. Das war das Werk der feigen Briten, die schon damals das Burenvolk der reichen Diamantenfelder wegen blutig unterdrückten. Immer wieder sah ich die Bilder dieser sich nicht ergeben wollenden Buren vor mir, sah die englischen Angreifer und schwor mir, das niemals zu vergessen.

Grimmstraße 17, den 9. März 1943

Mit meinem Schulfreund Gerhard Richter war ich heute im Museum für Meereskunde in der Georgenstraße. Ein alter, seltsam riechender Bau mit ungeheuren Schätzen. Es hatte einen besonderen Grund gegeben, warum wir zu den Schiffen, U-Booten und Meeres-Erinnerungen gingen. Wir haben uns heute in der Schule freiwillig zur Kriegsmarine gemeldet! Der Unterricht fiel aus, weil ein Ritterkreuzträger, U-Boot-Kommandant Schepke, in der Aula zu den obersten Klassen sprach: »Wenn ihr auch noch jung seid, so solltet ihr doch wissen, daß der Krieg auf dem Meer endgültig entschieden wird! Die U-Boote, die grauen Wölfe der Nordsee, werden auch zukünftig die Geleitzüge der Amerikaner und Engländer angreifen und versenken. Auf dem Atlantik, ja, bis nach Murmansk, wo die Amerikaner den Russen Waffen zu Schiff liefern, jagen wir den Feind...« Natürlich waren wir sehr begeistert, viele von uns hatten die Erinnerungen der Kapitäne Otto Weddigen und Arnauld de la Pierre aus dem Weltkrieg gelesen, und unsere Klasse hatte vor drei Jahren Günther Prien, den Helden von Scapa Flow, vor der Reichskanzlei willkommen geheißen, der damals in der geheimsten britischen Sperrzone mit seinem U-Boot mehrere große Pötte versenkt hatte. Und schon als Kinder haben wir im Sandkasten nachgespielt, wie Otto Weddigen mit dem kleinen veralteten U-Boot »9« im Jahr 1915 drei englische Schlachtschiffe auf den Meeresgrund schickte. So haben wir uns heute beide freiwillig gemeldet, Gerhard und ich. Botho Schulz dagegen, der dritte Freund in unserem Bunde, geht auf die SS-Junkerschule nach Braunschweig. Die nehmen schon die Vierzehnjährigen. Wir müssen leider noch zwei bis drei Jahre warten, eine unvorstellbar lange Zeit, da wird dann wohl der Sieg längst errungen sein? Im Museum für Meereskunde sahen wir uns das erste U-Boot der Welt an, das natürlich ein Deutscher erfunden hat. Dieser Brandtaucher, ich kannte ihn schon aus dem spannenden Film »Geheimakte WB 1«, steht als Original in dem Museum. Damit ist Bauer vor hundert Jahren in der Kieler Förde getaucht, selbstverständlich ohne Motor und Sehrohr, nur mit Wasser als Ballast. Das Museum hat noch viele andere Schätze, die Kommandobrücke eines Kreuzers ist dort aufgebaut, Torpedorohre, Kapitänskajüten und Modelle von Schiffen, die einst berühmt waren. Gerhard ist von der Marine so begeistert, daß er sich zur Marine-Hitlerjugend melden will. Leider kann ich das nicht, weil ich jetzt im Ausbildungs-Fähnlein als Jungvolkführer ausgebildet werde.

Reichsjugendführerschule Burg Storkow in der Mark, den 19. März 1943

Nun bin ich schon eine Woche hier zur Führer-Ausbildung der Hitlerjugend. Sie ist anstrengend und verlangt ganze Kerle, aber sie ist doch prima! Vormittags ist weltanschaulicher Unterricht, da wird das Ideengut des Nationalsozialismus vorgetragen, vor allem aus Adolf Hitlers Werk »Mein Kampf«, die Geschichte der Bewegung, der Machtergreifung und vom Wiederaufstieg des Reiches. Nachmittags wird über die Wehrmacht und ihre Waffengattungen gesprochen und über die führenden Männer der NSDAP wie Göring, Himmler, Goebbels. Abends singen wir und lernen Heimabendgestaltung. Vorgestern, es war bitterkalt, mußten wir einen Nachtmarsch nach Königswusterhausen machen. Stundenlang ging es mit dem Kompaß in der Hand durch die Wälder. Ich spürte die Kälte, Müdigkeit und auch Hunger, es war sehr hart. Aber der Leitspruch des Führers, der über dem Eingang der Burg in Holz gebrannt steht, gilt natürlich für alle: »Der deutsche Junge muß zäh wie Leder, flink wie ein Windhund und hart wie Kruppstahl sein!« Überhaupt ist es nicht leicht, im Großdeutschen Reich ein Jugendführer zu werden. Stammführer Wirzberger, der diese Ausbildung leitet, sagt es täglich: »Gelobt sei, was hart macht! Das ist ein Führerwort nach unserem Sinn. Wer die Welt erobern will, der braucht Härte und eiserne Energie. Unser Volk ist ein Herrenvolk, das sich keine Gefühlsduseleien gegenüber den anderen Völkern erlauben kann!« Einmal kamen mir Zweifel, und ich fragte den Stammführer, ob zumindest die Engländer, Norweger und Dänen nicht auch Germanen seien, also Herrenvölker, die ebenfalls zum Herrschen berufen wären. Da kam ich aber bei Karl-Heinz Wirzberger schön an. »Verjudete schlappe Krämerseelen, vor allem die Engländer, die ihren Anspruch auf Weltherrschaft durch das Regime der Rothschilds längst verloren haben. *Wir*, die Deutschen, sind die zukünftigen Herren der Welt!« Wer sich mit dem Juden einläßt, der stirbt daran, lehrte uns der Führer. Mit Juden und slawischen Untermenschen gibt es keine Gemeinsamkeit. Der Pakt mit Stalin im Sommer 1939 sei nur aus taktischer Klugheit unseres genialen Führers geschlossen worden, um erst einmal die Abrechnung mit Polen und Frankreich vornehmen zu können. Der allerschlimmste Feind, das führte der HJ-Gebietsführer von Groß-Berlin uns vor Augen, sei der Bolschewismus. Aber der sei

bereits entscheidend geschwächt und werde noch in diesem Sommer für immer vernichtend geschlagen.
Nun geht diese Schulung für das Ausbildungsfähnlein zu Ende. Eigentlich schade, die Kameradschaft hier auf der Burg war große Klasse!

Berlin, Grimmstraße 17, den 28. März 1943

Jetzt bin ich so gut wie erwachsen! Gestern war meine Konfirmation in der Jesuskirche. Mein Einsegnungsspruch lautet: »Wenn ich Dich anrufe, so erhörst Du mich und gibst meiner Seele große Kraft!« Ein Spruch, der mir gefällt, weil man ihn gut verstehen kann, was mir bei Bibelworten nicht immer gelingt. Mich erstaunt, warum eine ganze Reihe meiner Schulkameraden sich ein Jahr zum Konfirmandenunterricht begab und sich einsegnen ließ, ohne überhaupt an Gott zu glauben oder sich innerlich zum Christentum zu bekennen. »Alles Pfaffengewäsch«, sagte Gerhard noch vor einer Woche. »Das gehört sich eben so«, meinte er auf meine Frage, warum er denn eine Konfirmation wolle. Meine Eltern sind gläubige Menschen, das heißt meinen Vater habe ich nur ganz schwach in Erinnerung, er starb an Tuberkulose, als ich vier Jahre alt war. Daran, daß Jesus Christus gelebt hat, zweifle ich nicht, denn wie sollte sich die Erinnerung an ihn so erhalten, wenn er nicht seinen Weg bis zum Kreuz gegangen wäre. Wahrscheinlich ist er von den Mächtigen Tausende von Jahren zu sehr in Anspruch genommen worden, so daß mancher Arme ihn für einen Gott der Reichen hielt.
Nachmittags hatten wir Gäste zu Hause, auch Pastor Wollenberg mit seiner Frau besuchte uns. Ich bekam auch viele Geschenke, einen kostbaren Füllfederhalter und Vaters Uhr, der Großvater schenkte mir ein Fahrrad. Für mein Sparbuch erhielt ich 150 Mark. Onkel Alfred, der Bruder meines Vaters, der eine Speditionsfirma hat, lud mich ein, ihn doch mal wieder zu besuchen. »Du fährst ja gerne Auto, bei mir hast du immer noch Gelegenheit, mit dem Großlastkraftwagen mitzufahren. Mein Betrieb führt im Auftrage der Partei kriegswichtige Aufträge durch.«

Potsdam, Lindenstraße 44, den 7. April 1943

In den Osterferien, nach Einsegnung und Schulwechsel, bin ich in der alten Königsstadt Potsdam an der Havel bei der Großtante Lieschen, einer sehr alten Preußin, mit der ich mich gut verstehe. Sie ist die Schwester von Großvater, und auch er verlebt seit Jahren jedes Wochenende in Potsdam. Mit dem bayrischen Schnauzer Senta mache ich täglich Ausflüge durch die Altstadt oder am Havelufer, an den Neuen See bis zur Glienicker Brücke oder – und das ist für mich das Schönste – in den Park des Schlosses Sanssouci. Leider muß dann aber der Hund Senta an die Leine. Hier, in der preußischen Sommerresidenz, scheint jeder Stein, jedes Haus eine Geschichte des alten Preußen zu erzählen. Das Haus in der Lindenstraße, direkt neben der »Alten Wache«, ist mehr als zweihundert Jahre alt. Die Häuser sind oben auf Befehl des Soldatenkönigs Friedrich Wilhelm I. so ausgebaut worden, damit man in jedem Haus Grenadiere des Garderegiments aufnehmen konnte – der »Potsdamer Wachtparade«, wie sie des Königs Gegner höhnisch nannten. Am Sonntag war ich zum Gottesdienst in der Garnisonkirche, die voller Fahnen aus der Zeit Friedrichs des Großen ist. Unter der Marmorkanzel ist die Gruft mit den Särgen der beiden großen Preußenkönige, des Soldatenkönigs und seines Sohnes, des Fridericus Rex. Hier erschien 1806 Frankreichs Kaiser Napoleon als Sieger. »Wenn der noch lebte, stünde ich nicht hier«, soll er gesagt haben. Und am 21. März 1933 sprach hier Adolf Hitler vor dem Reichspräsidenten von Hindenburg bei der Reichstagseröffnung, das war der »Tag von Potsdam«. Sonntags sieht man viele berühmte alte Offiziere und Generale in der Kirche, manche sogar noch in der Uniform der Armee des Kaisers. Bei einem der Spaziergänge hinauf zum Ruinenberg über dem Schloßgarten von Sanssouci mit der nach Kaninchen und Mäusen vergnügt jagenden Senta, traf ich ein hübsches junges Mädchen wieder, das ich schon im Hause meiner Tante gesehen hatte. Sie sprach mich freundlich an, es war Marussja, die als Lehrerin aus der Ukraine zur Arbeit nach Deutschland eingezogen wurde. Sie arbeitet als Küchenhilfe bei dem Besitzer der Gaststätte »Zur alten Wache«. »Wenn Ihre Tante nicht gewesen wäre, dann könnte ich hier nicht spazierengehen«, meinte Marussja. Ich muß wohl dumm geguckt haben, denn sie lachte und erzählte. »Wir kamen im Viehwagen aus der Ukraine hierher und hatten nur schmutzige zerrissene Sachen an. Die deutsche Polizei hatte uns auf der

Straße abgefangen und in Waggons abtransportiert, wir konnten nichts von zu Hause mitnehmen. Der Gastwirt ist kein guter Mensch, aber Ihre Tante sorgte für Essen und redete diesem Wirt ins Gewissen. Dann sammelte sie in der ganzen Lindenstraße Kleider und Wäsche für mich und Akulina, meine Freundin.« Ich war ziemlich erschrocken über diese Geschichte. Ob es wohl viele Menschen in Deutschland gibt, die ihre Untergebenen so behandeln wie dieser Gastwirt? Und Marussja war ja nun wirklich kein Untermensch, sie sprach vollkommenes Deutsch. »Ja, ich bin Lehrerin und unterrichte in Kiew die deutsche Sprache ...« Als wir uns in der Stadt dem Jägertor näherten, blickte sie nervös um sich und meinte: »Es ist besser, wenn ich jetzt einen anderen Weg zur Lindenstraße gehe. Wenn man uns zusammen sieht, dann bekommen Sie große Schwierigkeiten, ich bin ja eine Slavin, wie nennt man das bei euch – ein Untermensch!« Dabei blieb sie freundlich und lachte mich aus ihren blauen Augen offen an. Gerade das traf mich am meisten.

Potsdam, Lindenstraße 44, den 13. April 1943

Ein herrlicher Frühlingstag, manchmal kann man den Krieg doch vergessen! Gestern kamen Guntram und unsere Mutter von Berlin herüber, wir wanderten zusammen von Potsdam aus nach Caputh. Es war einer der ersten warmen Tage, und Mutti zitierte, nachdem wir am Stadtschloß die Lange Brücke über die Havel passiert hatten, das alte Gedicht »Die linden Lüfte sind erwacht...« Bei Hermannswerder, einer Halbinsel, erreichten wir den märkischen Wald und wanderten auf einem Höhenzug immer die Havel entlang bis zum Forsthaus Templin. »Hier bin ich schon als Kind sonntags mit der ganzen großen Familie herausgezogen, und dann haben wir mit unseren Eltern und vielen Verwandten im Garten des Forsthauses unseren Kaffee getrunken und den mitgebrachten Kuchen verzehrt«, erzählte unsere Mutter. Wir sangen alte Wanderlieder »Wer recht in Freuden wandern will«, auch »Wem Gott will rechte Gunst erweisen«, und von der Märkischen und der Lüneburger Heide, die ich noch nie gesehen habe. Am schönsten finde ich das alte Lied »Die güldene Sonne, voll Freud und Wonne ...« Am Caputher Fährhaus tranken wir Kaffee und fütterten mit den Kuchenkrümeln die Schwäne. Von ferne, über die blaue Havel hinweg, grüßten uns die Türme von Potsdam, der schlanke mit dem hohen Helm der alten Garnisonkirche und der runde wuchtige mit den drei Grazien auf der Kuppel vom Neuen Palais. Vom Bahnhof Geltow aus fuhren wir in der Dämmerung heim nach Berlin.

Berlin, Grimmstraße 17, den 16. April 1943

Die neue Schule, die ich jetzt besuche, liegt in Charlottenburg, so daß ich täglich mit der U-Bahn vom Kottbusser Tor bis zur Uhlandstraße zu fahren habe. Es ist eine Handelsschule, und ich lerne hier neben der englischen Sprache und den kaufmännischen Fächern Schreibmaschine und Stenografie. Am meisten freut mich, daß wir bei unserem Klassenlehrer Verwiebe tiefer in die deutsche Literatur des vorigen Jahrhunderts eindringen, offenbar ist dieses Fach sein Steckenpferd. Ganz besonders liebt er Theodor Storm, die Novelle »Immensee« hat es auch mir angetan, obwohl sie ja eigentlich traurig ist. Wenn ich die Gedichte Storms lese. möchte ich die Augen schließen, erst dann gelingt es mir, seine Schilderung ganz aufzunehmen. Tief berühren mich die Verse des Gedichtes »Abseits«: »Es ist so still, die Heide liegt im warmen Mittagssonnenstrahle, ein rosenroter Schimmer fliegt um ihre alten Gräbermale, die Kräuter blühn, der Heideduft steigt in die blaue Sommerluft...«

Grimmstraße 17, den 21. April 1943

Gestern war des Führers Geburtstag. Mit Stammführer Wirzberger hatten wir im Urbanheim einen Hitlerjugend-Appell, bei dem auch mir die rotweiße Kordel des Jungenschaftsführers verliehen wurde. Vorher hielt er eine Ansprache über Leben und Werk Adolf Hitlers, und Fähnleinführer Lauke gab uns eine Übersicht über die Geschichte des Krieges. Bei der mündlichen Prüfung konnte ich zwei Fragen leider nur falsch beantworten. Wann der Krieg begann, lautete die erste Frage. Ich antwortete: »Am 1. September 1939 mit dem Überfall Polens auf das Deutsche Reich!« »Falsch«, grinste Wolfgang Lauke. Ein Trost war, daß keiner die richtige Antwort wußte. »Der Krieg begann bereits 1936 in Spanien, als der Führer und der Duce erkannten, daß der Bolschewismus mit dem sogenannten Bürgerkrieg den Überfall auf Europa einleitete. Darum unterstützen Deutschland und Italien den General Franco.« Wir erfuhren, daß Spanien der wichtige Übungsplatz für unsere deutschen Waffen gewesen sei. Zum Beispiel hätte die Luftwaffe festgestellt, daß die »Ju 52«, ein Flugzeug der Junkers-Werke, als Bombenflugzeug viel zu langsam sei. Es wurde dann später nur als Transportflugzeug eingesetzt und heißt ja heute auch »die alte Tante Ju«. Bei der zweiten Frage habe ich total versagt und mußte zur Strafe drei Runden um den ganzen Urbansportplatz laufen. Sie lautete: »Wo wohnt der Führer?« Ich antwortete: »In der Neuen Reichskanzlei zu Berlin, Wilhelmstraße!« »Wieder falsch«, meinte der Stammführer. »Die Antwort mußte lauten: Im Herzen eines jeden Deutschen!« Als ob das nicht selbstverständlich wäre!

Grimmstraße 17, den 28. April 1943

Eigentlich ist es doch Quatsch, daß wir noch die englische Sprache büffeln, wenn wir doch nach dem Endsieg die deutsche als alleinige Weltsprache haben werden, wie das Stammführer Wirzberger erklärt. Überhaupt ist der Englisch-Lehrer, der sich uns als »Mr. Walpurger« vorstellte, offenbar ein übler Reaktionär. Für ihn sind wir noch keine Erwachsenen. Mit seinen riesigen roten Händen verteilt er bei jeder Unaufmerksamkeit sogenannte »Doppelschellen«, man hat das Gefühl, daß das Gesicht richtig anschwillt. Die Lehrer sind teilweise schlimmer als in der Volksschule. Herr Ode, der ein goldenes Parteiabzeichen trägt, ist besonders streng. Er schlägt zwar nicht ins Gesicht, aber er stukt mit der Faust in den Rücken, daß man noch nach Stunden Schmerzen hat. Leider verlieren wir den freundlichen Herrn Verwiebe, weil er in wenigen Tagen eingezogen wird. Seine letzte Arbeit mit unserer Klasse war die Erzählung »Pole Poppenspäler«. Sein Nachfolger ist Dr. Jakobi, von dem man sagt, daß sein Lieblingsdichter Hermann Löns ist.

Zernsdorf bei Königswusterhausen, den 14. Mai 1943

Über die Pfingstferien bin ich draußen, auf dem Grundstück von Onkel Alfred und Tante Friedel. Vorgestern folgte ich seiner Einladung und fuhr nach langer Zeit mal wieder mit seinem großen Speditions-Lastkraftwagen mit. Es ging schon ziemlich früh los, ich mußte schon um acht Uhr auf dem

Autohof am Reuterplatz in Neukölln sein. Aber was tut man nicht, wenn man endlich wieder mit dem Auto fahren darf! Onkel Alfred ist alter Parteigenosse und führt kriegswichtige Aufträge durch, deswegen hat er auch holländische Fremdarbeiter in seinem Betrieb. Wir fuhren in die Stadtmitte. Was mich wunderte, war, daß ein höherer Parteifunktionär in brauner Uniform vorne in der Fahrerkabine saß. Onkel Alfred, der sich bei früheren Fahrten immer gerne unterhielt, war sehr schweigsam. In der Potsdamer Straße, Ecke Bülowstraße hielten wir an. Seltsam, keine Menschen waren in der Wohnung, niemand übergab uns die Möbel, und Kisten mit Hausrat waren auch nicht gepackt! Die Wohnung war so eingerichtet, als ob die Inhaber nur zum Einkaufen außer Haus gegangen waren und gleich wiederkämen. Das dachte ich, doch es war ein Irrtum. Der Parteigenosse in Uniform hatte eine Liste in der Hand. Er gab Onkel Alfred und den Transportarbeitern den Auftrag, die Wohnung auszuräumen. Ich staunte nicht schlecht, als er sich große Kristallvasen und silberne Leuchter selbst nahm und auf dem Möbelwagen in eine extra Kiste tat. Auch einige Ölgemälde verschwanden darin. Es war eine stattlich eingerichtete große Wohnung, vielleicht von einem Rechtsanwalt oder Arzt. Dann durfte Onkel Alfred sich mancherlei aussuchen, er nahm sich Gegenstände, Lampen, eine Standuhr und viele Bücher. Doch ich hatte den Eindruck, daß es ihm etwas peinlich sei. Wir fuhren weiter zur nächsten Wohnung, zu meinem Erstaunen war es hier genauso wie zuvor. Eine vornehm eingerichtete Wohnung am Nollendorfplatz. Schon wollte ich Onkel Alfred ansprechen, aber ich spürte, er wollte nicht befragt werden. Der große Speditionswagen war bereits voll, im Anhänger war noch wenig Platz. »Da sind noch zwei kleinere Wohnungen, das Zeug bekommen wir noch mit«, sagte der Parteigenosse zu meinem Onkel. Und fügte mit einem häßlichen Grinsen hinzu: »Kleinvieh macht auch Mist!« Diesmal ging es auf einen ärmlichen Hinterhof in der Goebenstraße, eine enge Treppe hinauf, der Nationalsozialist hatte die Schlüssel in einer Aktentasche bei sich. Wieder begegneten uns keine Wohnungsinhaber, es schien, als ob die Menschen ganz früh direkt aus dem Bett heraus in großer Eile ihre kleine Wohnung verlassen mußten. Mir war seltsam zumute, als Onkel Alfred zu mir sagte: »Suche dir etwas aus, das sind nur Kleinigkeiten, die interessieren uns nicht!« Mit »uns« meinte er offenbar sich und den braununiformierten Parteigenossen. Ich zögerte, die Möbelpacker schleppten einen Schrank heraus, stellten die Tische und Stühle zusammen. In dem kleinen Schlafzimmer waren die weißen Deckbetten nur aufgeschlagen, in der Küche standen die Tassen noch auf dem Tisch. Ein beklemmendes Gefühl beschlich mich, wo waren in all diesen Wohnungen die Mieter? Ich blickte fragend zum Onkel, der schaute aber weg. »Na, willst du die Bücher hier?« fragte er dann. Für Bücher interessierte ich mich natürlich. Es war ein Packen, den ich jetzt nicht näher betrachten konnte. Die Männer wandten sich zum Treppenhaus. Da drehte sich der Parteifunktionär noch einmal um und sagte: »Hier, diese kleine Kassette kannst du noch haben; vielleicht richtest du sie dir als Sparbüchse ein!« Dabei drückte er mir das Kästchen in die Hand. Ich steckte alles in einen größeren Pappkarton, den ich im Küchenfach unter dem eingebauten Fensterschrank fand und ging hinter den anderen die Treppe hinunter. Auf der Rückfahrt sprachen wir in der Fahrerkabine kein Wort miteinander, und mein Onkel schickte mich, in Neukölln angekommen, sofort zu seiner Frau. Sie war die erste, die ich befragen konnte, und sie sagte mir ganz klar: »Das waren Juden-Wohnungen, die wir immer im Auftrage der Gauleitung der Partei auszuräumen haben, da bleibt auch immer was für uns hängen. Hast du auch etwas für dich bekommen?« Ich war sprachlos. »Und wo bleiben dann diese Juden, Tante Friedel?« Sie schien meine Frage nicht zu begreifen. »Hast du niemals gehört, daß alle Juden, weil sie faul und arbeitsscheu sind, ins Generalgouvernement transportiert werden, um dort endlich produktive Arbeit zu leisten?« Nein, ich hatte davon noch niemals etwas gehört. Allgemein hatte ich in der Hitlerjugend immer nur vernommen, daß die Juden Deutschlands Verderber wären, und der Führer hatte sie als eine Rasse bezeichnet, die parasitär sei und schuld habe an Deutschlands Niederlage im Krieg von 1914 bis 1918. Aber gesehen hatte ich noch keinen Juden, und ihre leeren Wohnungen hatten ausgesehen wie andere Wohnungen auch. Nur sehr eilig müssen sie wohl aus ihren Heimen weggegangen sein, ob man sie etwa mit der Polizei abgeholt hat?

Zernsdorf bei Königswusterhausen, den 17. Mai 1943

Ich bade in dem Flüßchen Lanke, wandere durch die märkische Heide und lese viel. Leider ist die Pfingstzeit schon vorüber, und morgen geht in Berlin die Schule wieder los.
Mit Onkel Alfred habe ich nochmals über die Judenaktion

gesprochen, als wir allein waren. »Das ist doch alles ganz in der Ordnung«, meinte er. »Die Juden müssen in den Ostgebieten arbeiten, da brauchen sie doch keine Wohnungen in Berlin mehr. In ihnen bringt die Partei ausgebombte Volksgenossen unter, die aufgrund der Schuld der jüdischen Kriegstreiber ihre Wohnungen verloren haben. Und wenn da für uns ein paar Gegenstände abfallen, ist das doch auch nicht schlecht.« Ich dachte an die silbernen Kronleuchter und die große Standuhr und die vielen schönen Bücher, die ich inzwischen im hölzernen Blockhäuschen des Grundstücks in Zernsdorf gefunden hatte. Leider sind es verbotene Schriftsteller, deren Namen ich noch niemals gehört hatte (wie Thomas Mann, Lion Feuchtwanger, Bert Brecht und Kurt Tucholsky), von denen mir jedoch klar war, daß sie der Onkel und seine Frau niemals lesen würden. Ich wollte die kleine braune Kassette mit Kupferschmuck nicht mehr haben. Allerdings wegwerfen wollte ich sie auch nicht. So stellte ich sie ganz hinten in meinen Bücherschrank. Ein gutes Gefühl habe ich nicht, wenn ich an diese Autofahrt denke, und öfter fallen mir die hochgeschlagenen Betten der kleinen Hinterhofwohnung in der Goebenstraße ein.

Berlin, Grimmstraße 17, den 28. Mai 1943

Ich habe ein verbotenes Buch gelesen, das mir seltsamerweise gefiel. »Buddenbrooks« heißt der Roman und ist von einem gewissen Thomas Mann. Die Geschichte von dem kleinen Hanno endet traurig. Sein Vater, der Konsul Buddenbrook stirbt nach einer Zahnoperation, und seine Firma, eine Getreidehandlung im alten Lübeck, macht pleite. Ich frage mich, warum ist dieser Thomas Mann ein Feind des Dritten Reiches?

Grimmstraße 17, den 31. Mai 1943

Am Sonntag war Aufmarsch der Hitlerjugend. Anschließend fand eine Reichsfilmstunde in allen Großstädten zu Ehren des Tages der Seeschlacht vom Skagerrak statt. Im Europahaus in der Saarlandstraße sahen wir den Film »Jud Süß«, den ich schon immer sehen wollte. Als er vor zwei Jahren herauskam, war ich erst zwölf Jahre alt, er ist aber für Jugendliche erst ab vierzehn Jahren zugelassen. Ein unerhört eindringlicher Film von Regisseur Veit Harlan. Geschichtliche Stoffe im Film sehe ich immer mit Interesse, dagegen mag ich Revuefilme wie »Die Frau meiner Träume« nicht. Die Geschichte spielt 1735 im Herzogtum Württemberg und muß wohl so verlaufen sein, wie sie der Film schildert. Denn die größten deutschen Schauspieler wirken mit: Heinrich George, Werner Krauß, Eugen Klöpfer, Theodor Loos, Albert Florath und Ferdinand Marian, dazu Kristina Söderbaum und Malte Jaeger. Wie sich der geschickte Jude Süß-Oppenheimer nach Stuttgart begibt und dem Herzog Karl-Alexander finanzielle Unterstützung gewährt, sich dessen Vertrauen erschleicht und dann das kleine Land aussaugt und den Juden zur Einwanderung öffnet, schließlich sogar eine hübsche blonde Schwäbin vergewaltigt, das hat uns alle aufgewühlt. Aber den Juden trifft die gerechte Strafe: nach dem plötzlichen Tod des Herzogs wird er verhaftet, verurteilt und schließlich gehenkt. Als wir den Film gesehen hatten, begriffen wir, warum der Führer gegen das Judentum kämpft. Ich habe genau wie nach dem Film »Ohm Krüger« einen großen Zorn, ja Haß gegen diese Ausbeuter des Volkes empfunden.

Grimmstraße 17, den 12. Juni 1943

Die Sache mit den Juden geht mir immer noch nach. Ich führte mit meiner Mutter ein Gespräch und fragte, ob sie auch anständige Juden kenne. »Ja, natürlich«, meinte sie. »Wir hatten in unserer Kindheit einen jüdischen Arzt, der wirklich nur für seine Kranken lebte. Solche Juden hat es nicht nur einen gegeben.« Und wie kann man als Christ dafür sein, daß die Juden jetzt ihre Wohnungen und ihr Eigentum verlieren, daß sie alle in den Osten zur Arbeit müssen, fragte ich. Meine Mutter überlegte. »Ich verstehe nichts von Politik«, entgegnete sie. »Aber unsere Kirche vertritt die Meinung, daß Adolf Hitler den göttlichen Willen ausführt und das jüdische Volk dafür bestraft, daß es Christus ans Kreuz geschlagen hat!« Das verstehe ich nicht ganz, denn Christus ist vor fast zweitausend Jahren hingerichtet worden, außerdem trug doch der Römer Pontius Pilatus die Verantwortung dafür. Schließlich sind die Juden auch Menschen. Allerdings, wenn ich an den Jud Süß-Oppenheimer denke, wie der Württemberg ausgeplündert hat, und mir vorstelle, die Juden im Kreml um Stalin herum oder die Juden der Wallstreet und der Londoner Börse würden es heute mit dem ganzen deutschen Volk so tun, dann halte ich es für richtig, daß sie heute in Deutschland arbeiten müssen...

Grimmstraße 17, den 26. Juni 1943

Eine freudige Überraschung: die Familie von Waldow aus Schlesien hat meinen Bruder und mich zu einem Sommerferienaufenthalt eingeladen. Gurkau ist ein Schloß mit einem herrlichen Park und liegt zwischen Wiesen und Wäldern jenseits der Oder. Wir waren schon einmal als kleinere Kinder dort, es hat uns gut gefallen. Wenn es doch schon Ferien gäbe! Je wärmer es wird, um so mehr sehnt man sich aus der Großstadt heraus ins Grüne. Der verwilderte Park ist mir noch in guter Erinnerung. Mit den Kindern aus dem Schloß und auch mit denen aus dem Dorf haben wir damals so manche Schlacht geschlagen. Man kann dort auch reiten und sogar in dem Fluß Bartsch baden ...

Grimmstraße 17, den 4. Juli 1943

Heute wird mein Bruder dreizehn Jahre alt, ich schenke ihm von Wilhelm Hauff die Märchen, die ich selbst noch gerne lese. Zur Feier des Tages sind wir beide nach der Schule in das Zeughaus an der Straße Unter den Linden gegangen. Dort ist ein Museum eingerichtet, außerdem finden in dem alten Gebäude, das einstmals das Geschützarsenal der preußischen Könige war, alljährlich die Feiern zum Heldengedenktag statt. Gleich, wenn man das große Haus betritt, das vor zweihundertfünfzig Jahren für den ersten König von Preußen erbaut wurde, fallen einem zwei Flugzeuge aus dem Weltkrieg von 1914 auf, ein Doppeldecker, den Oswald Boelke flog, und daneben der rote Dreidecker Manfred von Richthofens. Von Ritterrüstungen bis hin zur Uniform Friedrichs des Großen und der des letzten Reichspräsidenten von Hindenburg sieht man allerlei aus der deutschen Geschichte. Man muß schon öfter hingehen, besonders wenn man sich noch die riesigen Gemälde aus der brandenburgischen Kriegsgeschichte in der Ruhmeshalle ansehen will. Hier sieht man vom Großen Kurfürsten bis zu Kaiser Wilhelm I., wie viele Kriege Brandenburg und Preußen führen mußten, bis Deutschland geeinigt werden konnte. Als wir nach drei Stunden ziemlich müde nach Hause fuhren, trafen wir in der Grimmstraße Frau Burdack, die früher einmal unsere Nachbarin war und die Guntram und mich sehr gerne hatte. Ihr Gesicht war verweint, und sie trug ein schwarzes Kleid. Als ich sie ansprach, weinte sie so sehr, daß wir sie kaum verstanden.

Kein Wunder, ihr einziger Sohn Arthur ist vor einigen Tagen erst zweiundzwanzig Jahre alt in Rußland gefallen. »Auf einem Heldenfriedhof bei Brjansk haben sie ihn begraben«, klagte die Frau. Ich erinnere mich noch, wie begeistert Arthur, der fünf Jahre Soldat war, von unseren Siegen in Polen und Frankreich erzählte. Er liebte den Führer und schenkte mir 1939 sein braunes Hitlerjugendhemd und den Leder-Schulterriemen, weil unsere Mutter damals dafür kein Geld ausgeben konnte.

Schloß Gurkau in Schlesien, den 8. Juli 1943

Schon die Fahrt mit dem D-Zug durch die Neumark und Schlesien war schön. Ich reise gerne, leider viel zu selten! Die wogenden Getreidefelder der Mark Brandenburg, weite Wiesen und die dichten Wälder – alles wirkt friedlich. Dann rollte der Zug über die Oder, hier bestimmten mehr die Roggen- und Kartoffelfelder die Landschaft, die Getreideernte hat bereits begonnen. In der einstigen Herzogsresidenz Liegnitz (der Alte Fritz hat hier eine Schlacht gewonnen und Blücher bei Wahlstatt die Franzosen in den Befreiungskriegen besiegt) hatten wir zwei Stunden Aufenthalt. Wir ließen unsere Koffer in der Gepäckaufbewahrung und liefen durch die Stadt, die in der Mittagshitze wie ausgestorben lag. »Schreibt bloß sofort, daß ihr gut angekommen seid«, hatte Mutter uns aufgetragen. Ich schrieb einen Gruß auf der Bank am Stadtgarten, damit Mutti so schnell wie möglich wußte, wie gut wir gereist waren. Zwar waren wir noch nicht im Schloß Gurkau, ja noch nicht einmal in dem Städtchen Herrnstadt, von wo aus uns die Kutsche der Familie von Waldow abholen sollte, doch ich schrieb einfach: »Jetzt ist der Ort Herrnstadt schon in Sicht, da, vor dem Bahnhof steht die Kutsche, ich sehe schon den Anders...« So hieß der Kutscher, den wir von dem früheren Besuch vor zwei Jahren her kannten. Diese Karte wollte ich sofort am Bahnhof Herrnstadt in den Kasten werfen. Doch für meine Lüge wurden wir »bestraft«. Am Bahnhof in Herrnstadt, wo wir in den Abendstunden nach einer endlos scheinenden Fahrt mit dem »Rawitsch-Express« ankamen, wartete nicht der Kutscher Anders mit Pferd und Wagen, sondern Tilla und Friedel von Waldow, Tochter und Sohn unserer Gastgeber, die uns neugierig anblickten und meinten, das Gepäck sollten wir getrost im Bahnhof lassen, das würde der Anders dann morgen früh abholen. Heute sei er im Ernteeinsatz, wo alle, auch die Gurkauer Schloßkinder, schon kräftig tätig waren... Guntram und ich ließen uns die Enttäuschung nicht anmerken. So gingen wir durch die kleine verschlafen wirkende Landstadt über Wiesenwege und an Feldrainen vorbei dem Schloß entgegen, das schon von weitem mit einem dicken Turm durch den Park grüßte. Todmüde fielen wir in die großen frischduftenden Betten, nachdem uns Frau von Waldow noch aufgetragen hatte, ja auch die Füße zu waschen, die nach dem Fußweg Staub und Ackerkrume genug abbekommen hatten.

Schloß Gurkau, den 14. Juli 1943

Wir fühlen uns wohl in dem alten Schloß, obwohl sich hier manches verändert hat. »Vaterle«, so nennen wir den Major von Waldow (und seine Frau, die Gutsherrin, »Mutterle«, das ist der Brauch in Gurkau), der schon immer sehr schweigsam, ja mürrisch war, ist noch verschlossener geworden. Früher jagte er uns nach dem Mittagessen häufig um den großen runden Tisch im weiten Speisesaal des Schlosses, wenn der kleine Friedel rief: »Vaterle, jag uns...!« Das macht er heute nicht mehr, sofort nach dem Essen zieht er sich in das Herrenzimmer zurück, um dort den Wehrmachtsbericht zu hören, und wir Kinder müssen alle ganz ruhig sein, falls wir es nicht vorziehen, im Park zu spielen oder uns in unsere Zimmer zurückzuziehen. Und auch Frau von Waldow ist anders geworden, vor allem erscheint sie viel älter, sie hat ganz weiße Haare bekommen. Das ist kein Wunder, denn die beiden ältesten Söhne sind gefallen. Christian, ein blonder fröhlicher Leutnant der Luftwaffe, den wir noch beim ersten Besuch vor einigen Jahren als jungen Urlauber kennenlernten, ist mit einem Flugzeug über dem englischen Kanal abgestürzt. Und Christoph, ein ernst wirkender junger Mann, ist seit der Schlacht von Stalingrad als »vermißt« gemeldet, was vermutlich soviel bedeutet, daß er an der Wolga bei seiner Artillerieeinheit gefallen ist. Nun sind nur noch Wulf, Tilla und Friedel im Haus, das heißt eigentlich nur Tilla, die mit richtigem Namen Maria-Bathildis heißt, und Friedel, der Maximilian Ehrenfried heißt, wie sich das für richtige Adelige wohl gehört. Wulf, der mit Ausnahme der Ferien in einer Anstalt lebt, ist krank, er hat geschwollene Augen, ist übermäßig dick und wirkt wie ein Sechsjähriger, obwohl er nun schon fünfzehn Jahre alt sein soll. Dann gibt es im Haus noch die Hauslehrerin Fräulein Treder aus Danzig, genannt »Datti«, den Diener Wilhelm (er trägt eine Art Uniform), der keine Kinder leiden mag – wir ihn übrigens auch nicht –, und einige Dienstmädchen, Küchenpersonal und die Mamsell Käthe, der das Haushaltswesen untersteht. Um das Schloß herum liegt der wundervolle Park mit vielen alten Bäumen. Von einer Seite, abgegrenzt mit Mauern und eisernem Parkgitter, stößt der Gutshof mit Stallungen und Scheunen und auch Wohngebäuden an das Schloß. Was mir auffällt, ist die Größe dieses Baues, die meisten Zimmer sind ja überhaupt nicht bewohnt. Neben dem Herrenzimmer, in dem ein Glasschrank mit alten Waffen steht, und dem Zimmer von Frau von Waldow liegen diese Prachträume vornehm eingerichtet, doch unbenutzt. Und im ersten Stock sind außer den beiden Schlafzimmern der Eltern und der Kinder ebenfalls viele Räume unbewohnt, Möbel allerdings stehen darin. Wir, Guntram und ich, schlafen in dem Zimmer der beiden Gefallenen und haben einen weiten Ausblick in den Park und die schlesische Landschaft. Ich muß plötzlich daran denken, wie viele Ausgebombte, die in Sammelunterkünften in Berlin hausen und alles verloren haben, hier wohnen könnten. Und in Lübeck, Köln und Hamburg sind noch viel mehr Volksgenossen durch die englischen Bomben obdachlos geworden und hausen in Baracken, in der »Wochenschau« wurde das gezeigt. Eigentlich ist das seltsam, und wie reimt sich das mit der Parole des Führers zusammen: »Gemeinnutz geht vor Eigennutz«? Schließlich ist doch Frau von Waldow eine Funktionärin der Nationalsozialistischen Frauenschaft?

Schloß Gurkau, den 18. Juli 1943

Heute ist ein verregneter Tag, Guntram spielt mit Friedel, Tilla ist bei den Pferden (sie reitet viel und sehr gut), da kann ich eine Eintragung in mein Tagebuch machen. Gestern hat es Ärger gegeben. Ein junger Theologiestudent, Hans-Jürgen Blank, ist eingetroffen, der schon ganz erwachsen ist und jetzt täglich mit uns eine Morgenandacht hält, das heißt mit uns Kindern. Nachdem er die Losung verliest, betet er mit uns. Tilla und mir fiel auf, daß er den Führer und die Soldaten an den Fronten nicht erwähnt (wie das doch sonntags in der Kirche immer getan wird), dafür aber von irgendwelchen Verfolgten und Bedrängten spricht und ausdrücklich einen Pastor Martin Niemöller erwähnt. Den Namen hatte ich schon einmal gehört, sitzt der nicht als Staatsfeind in einem Lager? Wir sprachen mit ihm und forderten ihn auf, auch für den Führer zu beten und für den Sieg unserer Soldaten. Er weigerte sich, und darum sprachen wir mit Mutterle. Sie war böse und gab uns recht. Seit heute nun beten wir mit Hans-Jürgen auch für den Führer, die Wehrmacht und um den Sieg. Aber sonst finde ich diesen Studenten in Ordnung, er will auch in den nächsten Tagen ein Lagerfeuer mit uns abbrennen. Mit den Jungens vom Gutshof ist das Spielen nicht so einfach, sie halten einen Abstand zu uns. Aber Herbert Anders und Helmut Gärtner, die Söhne des Kutschers und des Dieners, sind Pfundskameraden. Mutter Anders lud mich gestern mit Guntram in ihre gute Stube. Da hing kein Führerbild, sondern nur drei bärtige Männer. Sie erklärte mir, daß es sich um die drei deutschen Kaiser handelt, deren letzter bis 1918 regierte. Dann gab sie uns frische Leberwurst aus eigener Schlachtung. Kutscher Anders fährt heute die Landmaschinen, denn die Kutsche für die Familie von Waldow wird wenig benötigt. »Aber früher, das war hier ein Leben auf dem Schlosse, jeden Sonntag kamen die adligen Familien von benachbarten Gütern«, erzählte Mutter Anders. Die meisten Leute, die auf dem Gutshof wohnen und arbeiten, nennt man Tagelöhner. Das sind keine Bauern, wie ich mir das gedacht hatte. Als der Rudi Bär mich gestern ansprach und fragte, ob ich ihm nicht meinen Füllfederhalter verkaufen wollte, brachte ich ihm meinen zweiten, den ich in Berlin mal billig erstand. Ich erschrak, als ich die Kate der Familie Bär betrat. Ein dunkler Raum, mehr ein Stall schien das zu sein. Und in diesem hauste die vielköpfige Familie Bär, die Eltern und acht Kinder. So etwas hatte ich noch nie gesehen. Wenn man dann das große und prunkvolle Schloß sieht, in dem die meisten Zimmer unbewohnt sind, hat man das Empfinden, daß unsere nationalsozialistische Volksgemeinschaft hier nicht in Ordnung ist. Und so wie die Bärs leben viele Menschen in dem Dorf Gurkau, in den Nachbarorten Gahle und Klein-Beltsch sieht es nicht viel anders aus. Übrigens gehören diese Dörfer auch den von Waldows. Ob es in Schlesien vielen Menschen so ärmlich geht?

Schloß Gurkau, den 28. Juli 1943

Unsere Ferien gehen schon dem Ende entgegen. Heute nachmittag hörten wir von Hans-Jürgen eine Nachricht, die mir wie ein Donnerschlag erschien. In Italien ist Schlimmes geschehen. Der Duce ist nicht mehr Regierungschef, vermutlich ist er sogar von seinen eigenen Leuten verhaftet worden. Ausgerechnet jetzt, wo die Amerikaner in Süditalien gelandet sind! Wir waren noch im Speisesaal des Schlosses an dem großen runden Tisch zusammen und saßen über einem Würfelspiel, weil es draußen regnete, da polterte der Major von Waldow aus dem Herrenzimmer so laut, daß wir einzelne Worte verstanden: »Treuloses Verräterpack! Unzuverlässiges Gesindel! Wie damals, 1914! Unerhörter Bündnisbruch...« und ähnliche Bemerkungen. Hans-Jürgen ging zu Frau von Waldow, und dann erfuhren wir, daß der Duce, Hitlers Freund Mussolini, wegen einer angeblichen Krankheit nicht mehr in Italien regiere. Als Hans-Jürgen uns das erzählte, schien es mir, als ärgere er sich überhaupt nicht, ja ich bemerkte ein Lächeln in seinem Gesicht. Vielleicht hing das mit dem lauten Auftreten des Schloßherren zusammen, der als alter Offizier in seinem Herrenzimmer dem Zorn freien Lauf ließ. Sicherlich hat Major von Waldow nicht daran gedacht, daß wir noch im Speisesaal sitzen könnten. Die andere Meldung ist fast noch aufregender. Sie kam mit einem Brief unserer Mutter aus Berlin. Es war ein gedrucktes Schreiben, das alle Haushalte zugestellt bekamen, in dem der Gauleiter Dr. Goebbels die Berliner Eltern aufforderte, wegen der kommenden Gefahren des Luftkrieges ihre schulpflichtigen Kinder bis zu vierzehn Jahren aufs Land zu schicken. Mich betrifft das ja nicht mehr, ich zähle als fast Fünfzehnjähriger schon zu den Erwachsenen, doch Guntram ist davon betroffen. Und Frau von Waldow sagte dann beim Mittagessen zu Guntram, daß er vorläufig in Gurkau bleiben dürfe, sie wolle das unserer Mutter schreiben. Mein Bruder freut sich sehr, denn er fühlt sich hier wohl und mag Tilla, Friedel und die Jungen vom Gutshof. So werde ich allein nach Berlin heimfahren – das mit dem »Luftkrieg« scheint ja abenteuerlich zu werden. Na, Mutti wird sich freuen, daß sie wenigstens einen von uns daheim hat, schließlich bin ich ja bald ein richtiger Mann und kann sie bei Angriffen beschützen.

Schloß Gurkau, den 30. Juli 1943

An einer Seitenfront des Schlosses, unter der kleinen von Säulen getragenen Veranda, auf der wir jetzt immer die Morgenandacht gehalten haben, hat unser Lagerfeuer zum Ferienabschluß stattgefunden. Hans-Jürgen ist ein prima Kamerad, obwohl er schon viel älter ist als wir! Die Flammen loderten auf, wir alle saßen um die brennenden Knüppel, die wir zuvor aus dem Park herangeschleppt hatten, und sangen gemeinsam: »Wildgänse rauschen durch die Nacht mit schrillem Schrei nach Norden. Unstete Fahrt! Habt acht, habt acht, die Welt ist voller Morden!« Während der Mond über dem alten Turm heraufgekommen war und die Grillen aus den hohen Bäumen zirpten, knisterte die Glut, über die Gesichter flackerten Schattenspiele rötlichen Lichts. Wir Älteren sangen dann noch »Wilde Gesellen, vom Sturmwind durchweht, Fürsten in Lumpen und Loden, ziehn wir dahin bis das Herze uns steht, ehrlos bis unter den Boden. Fiedelgewandt in farbiger Pracht, trefft keinen Zeisig ihr bunter, ob uns auch Speier und Spötter verlacht, uns geht die Sonne nicht unter...«
Noch manches alte Jugendlied erklang an diesem Abend, und zum Schluß sprach Hans-Jürgen den Text, den ich sobald nicht vergesse: »Du Volk aus der Tiefe, du Volk in der Nacht, vergiß nicht das Feuer, bleib auf der Wacht!«

Berlin, Grimmstraße 17, den 14. August 1943
Mit meiner Mutter allein in Berlin, das ist ganz anders als das Familienleben zu dritt, und dennoch finde ich es schön. Mehrmals in der Woche hole ich sie um 17 Uhr von der Dienststelle am Lützowplatz ab, und wir gehen dann gemeinsam irgendwo hin, »unternehmen etwas«, wie Mutti das nennt. Gestern waren wir am Kurfürstendamm in einer kleinen Konditorei bei Kaffee und Kuchen. Zwar war es nur Malzkaffee, aber das störte mich nicht. Danach waren wir im Kino »Marmorhaus« an der Gedächtniskirche in einem neuen Film, »Kleine Residenz«, das Leben an einem kleinen deutschen Fürstenhof um das Jahr 1900 wurde dargestellt. Haben diese Menschen damals gemütlich gelebt! Vor einigen Tagen waren wir auch im Zoologischen Garten und bummelten durch den Tiergarten quer durch Berlin, dann über die stillen, von alten Kastanien bestandenen Uferstraßen am Landwehrkanal entlang. Eigentlich ist Berlin doch eine schöne Stadt, wenigstens hier, wo es keine Hinter-

höfe und engen Straßenzüge gibt wie im Bezirk Wedding, in Neukölln oder am Alexanderplatz. Am Wochenende fahren wir nach Grünau an den Fluß Dahme zum Baden, wir waren auch schon in Königswusterhausen und in Potsdam bei unserer alten Tante Lieschen. Eigentlich ist es komisch, daß man die meisten Kinder aufs Land verschickt hat, von Bombenangriffen ist nichts zu spüren. Ob die sich überhaupt nach Berlin getrauen?

Grimmstraße 17, den 24. August 1943

Die Schule hat wieder begonnen, gleichzeitig bin ich von der Hitlerjugend einem Löschkommando zugeteilt. Allerdings üben wir vorerst das Löschen nur, das Bedienen der Spritzen und das Ersticken der Brandbomben mit Sand. Zweimal in der Woche muß ich mit einer HJ-Kommandogruppe in öffentlichen Gebäuden schlafen, um »für alle Fälle« zum Löschen bereit zu sein. Wir finden das lustig, denn es gibt keinen Fliegeralarm. »Aber Vorsicht ist die Mutter der Porzellankiste«, sagt der Leiter unseres Kommandos, Fähnleinführer Lauke, immer. Mein Schulweg ist jetzt viel länger geworden, denn ich muß täglich nach Wannsee fahren. In unserem alten Schulgebäude am Savignyplatz in Charlottenburg ist ein Reservelazarett eingerichtet. Die neue Schule liegt im Wald bei Dreilinden, wir benutzen sie gemeinsam mit anderen Schülern aus der Stadt, weshalb der Unterricht auch jede Woche zeitlich wechselt, einmal vormittags und dann nachmittags. Außer zum Löschkommando muß ich auch noch den üblichen Hitlerjugend-Dienst, Schulungen und Exerzieren machen. Da bleibt wenig Zeit für mich.
Unser Deutsch-Lehrer, Dr. Jakobi, hat mit uns einen Roman von Hermann Löns durchgearbeitet, »Der Werwolf«, ein packendes Buch. Die Geschichte spielt im Dreißigjährigen Krieg unter Bauern in der Lüneburger Heide, die sich gegen umherziehende Marodeure der verschiedenen Söldnerheere zur Wehr setzen. Leider muß dieser Lehrer uns jetzt auch verlassen, da er einberufen wurde. Jetzt ziehen noch viele ältere Männer die Uniform des Soldaten an. Der Krieg ist wohl noch lange nicht gewonnen!

Grimmstraße 17, den 17. September 1943

Drei Wochen bin ich nicht zu Eintragungen gekommen. Dabei ist soviel passiert. Aber ich habe jetzt an vielen Abenden Hitlerjugend-Dienst oder Löschkommando-Übungen, da bleibt kaum Zeit für das Tagebuch. Mit dem Krieg steht es nicht gut, im Osten gehen wir immer mehr zurück. Zwar nennt der Wehrmachtsbericht das dann »planmäßige Absetzbewegungen zur Verkürzung der Frontlinien«, doch haben wir nun schon große Teile im Süden Rußlands, vor allem die Ukraine, verloren, deren Besitz Rektor Fredersdorf vor einem Jahr als »kriegsentscheidend« bezeichnete, weil sie eine Kornkammer für das Reich sein sollte. Und an der Wolga stehen wir auch nicht mehr, obwohl der Führer im vorigen Winter sagte, daß uns dort kein Mensch mehr wegkriegen würde. Der bolschewistische Koloß ist also noch ganz schön stark. Unsere U-Boote melden zur Zeit übrigens auch kaum noch Erfolge. Was geschieht mit den englischen Geleitzügen? Ich muß ehrlich sein, mir wäre das nicht so bewußt geworden, wenn ich nicht am letzten Sonntag mitten im Wald bei Potsdam ein Flugblatt der Engländer gefunden hätte, auf dem der Frontverlauf in Rußland mit Karten und Pfeilen für die Truppenbewegungen deutlich dargestellt war. Und dazu gemeinerweise die Führerworte aus verschiedensten früheren Reden, die im Gegensatz zur heutigen militärischen Lage stehen. Wie gut, daß ich das fand, so daß ich es vernichten konnte. Eigentlich soll man die Feindpropaganda nicht lesen, und es gibt einen Befehl, Flugblätter der Feinde bei der Polizei abzuliefern. Aber mich kann solche Hetze nicht beirren, ich glaube an den Führer und an unseren Sieg. Tatsächlich haben wir es den Feinden jetzt wieder bewiesen, zu welchen Heldentaten unsere Soldaten fähig sind. Eine Sondereinheit unter dem SS-Hauptsturmführer Otto Skorzeny hat den Duce befreit, den das italienische Verräterregime des Marschalls Badoglio auf dem Gran Sasso in den Abruzzen gefangenhielt. Mussolini war ganz schön mitgenommen, ich sah Bilder in der »Deutschen Wochenschau« – er trug nicht einmal Uniform, sondern einen schwarzen Mantel und Hut, aber er ist nun frei und wird eine neue faschistische Republik Italien aufbauen. Der Führer hat gesagt, daß er ihn nicht im Stich lassen will, der Duce ist und bleibe sein Freund. Glücklicherweise kommen die Alliierten in Italien nicht sonderlich voran. Wenn wir auch kein Afrikakorps mehr haben, so kämpfen doch die deutschen Soldaten in Süditalien so zäh wie einst unter Rommel in Libyen. Obwohl unsere Gegner zahlenmäßig überlegen sind, so gleichen das die Tapferkeit unserer Wehrmacht und der nationalsozialistische Geist aus. Außerdem werden bald die Wunderwaffen eingesetzt.

Grimmstraße 17, den 21. September 1943

Es ist noch immer erstaunlich schönes Herbstwetter, fielen nicht die trockenen vergilbten Blätter von den Platanen im Grimmpark, dann könnte man meinen, es sei noch Hochsommer. Gestern kam abends ganz ungewohnter Besuch. Onkel Alfred, der Spediteur aus Neukölln, der uns außer bei meiner Einsegnung noch niemals aufgesucht hat, druckste erst ein bißchen herum und wandte sich dann an Mutter: »Weißt du, unser Vater ist ganz plötzlich aus Leipzig angereist. Na ja, nun ist er schon achtzig Jahre alt, vielleicht doch ein wenig wunderlich. Er will sich Berlin noch einmal ansehen, die Stadt, in der er fast sechzig Jahre lang lebte.« Der Onkel lächelte mich an und blickte dann fragend zur Mutter. »Ulkigerweise hat er den Wunsch geäußert, daß Dieter ihn begleiten soll, wenn das ginge...?« Wir blickten uns an, dann sagte sie überlegend: »Das soll Dieter selbst entscheiden. Er hat zwar mittags Schulschluß, doch dann kommen Schularbeiten, HJ-Dienst und das Löschkommando hinzu. Was meinst du, mein Junge, hast du Lust, den Opa zu begleiten?« Erwartungsvoll blickten mich beide an. »Na klar, durch Berlin zu wandern habe ich immer Lust, kann denn der Großvater noch zu Fuß längere Strecken gehen?« Onkel Alfred schien recht erleichtert: »Na, das ist ja wunderbar. Macht euch keine Sorgen, wohnen und essen wird der Vater ja bei uns. Bloß Friedel hat das Geschäftstelefon und die Büroangelegenheiten zu versorgen. Sie hat keine Zeit. Und ich nehme an, daß es sich nur um zwei, allerhöchstens drei Nachmittage handelt, dann wird er wieder in seinen Garten nach Leipzig zurück wollen, was sollte ihn wohl hier halten?« Als der Onkel gegangen war, sagte Mutter nachdenklich: »So ist es immer mit diesen Verwandten gewesen, nur wenn sie einen brauchen, dann wissen sie, wo man wohnt. Sie sind nur aufs Geld aus, Verdienen wird bei ihnen groß geschrieben! Der Großvater ist ein gutmütiger und freundlicher alter Mann, schade, daß er niemals was zu sagen hatte. Deine Großmutter hatte das Kommando, und die war geizig, habgierig, aber sehr geschäftstüchtig. Ohne sie wäre das Speditionsgeschäft nicht aufgebaut worden, der Großvater konnte das Geld niemals zusammenhalten ...« Mutter schwieg und blickte mich plötzlich an, als täten ihr die Worte leid. »Mein Junge, du bist ja eigentlich groß genug, ich muß dir über diese Familie einmal die Wahrheit sagen.« Solche Worte hatte ich aus ihrem Munde noch nicht vernommen. »Dein Vater war der jüngste Sohn und sollte die Firma erben, er hieß genauso wie sein Vater, also Albert Borkowski. Die anderen Kinder, Erna, Georg und Alfred wurden aus dem Familienbesitz ausgezahlt und machten eigene Geschäfte auf. Bis auf Erna, die Lebenslustige, sie heiratete einen Rechtsanwalt und zog früh an den Kurfürstendamm. Dein Vater mußte eine kaufmännische Lehre durchmachen, damit er später besser das Geschäft leiten konnte als einst der Großvater, der als ganz junger Mann mit seinem Bruder aus Westpreußen in das aufblühende Berlin gekommen war.« Meine Mutter machte eine kleine Pause. »Vater war noch sehr jung, da arbeitete ein bekannter Berliner Theologe, Paul le Seur, als Transportarbeiter in der Spedition. Dieser Pastor nahm die christliche Botschaft ernst, er tat das, weil er wissen wollte, wie die Arbeiter denken und welche Sorgen sie haben. Sein Christentum war praktischer Art, er leitete die Freie Evangelische Jugend, baute mit Spendenmitteln ein Jugendhaus am Kottbusser Damm, wenige Schritte von der Dieffenbachstraße entfernt, wo dein Vater aufwuchs und wo auch das Unternehmen der Großeltern lag. Eines Tages bekannte sich der junge Albert zum Christentum, besonders zu den Weisungen der Bergpredigt, und erklärte seinen erstaunten Eltern, er wolle und könne diese Firma nicht übernehmen. Er würde das Abitur machen, um Theologie zu studieren. Die Eltern waren fassungslos, die Mutter schimpfte, verweigerte die Mittel. Als er halsstarrig blieb und fortan zur Kirche ging, enterbten sie ihn. Dein Vater hatte es sehr schwer, er besuchte mit Hilfe dieses Pastors eine kirchliche Bildungsstätte und war dann Werkstudent. Früh bekam er die Tuberkulose, und als er mich geheiratet hatte, waren die Eltern besonders erbost. Denn eigentlich sollte Geld zu Geld, das war Grundsatz in dieser Familie.« Meine Mutter schien froh zu sein, mir das alles erzählt zu haben. »Jetzt weißt du, warum zwischen den Borkowskis und mir keine herzlichen Beziehungen bestehen!«

Grimmstraße 17, den 22. September 1943

In der Nacht nach diesem Gespräch mit meiner Mutter konnte ich stundenlang nicht schlafen. Wie gerne hätte ich mit Guntram über alles gesprochen, doch der war ja weit entfernt im Schloß Gurkau. Ich besaß nur zwei sehr ferne Erinnerungen an meinen Vater. Knapp vier Jahre war ich alt, als er an dieser schrecklichen Krankheit starb. Einmal sehe ich ihn in einem grünen Lodenmantel vor mir, wie wir schnell vom Hermannplatz in Neukölln weglaufen, ich saß auf seinen Schultern, er trug mich Huckepack. Jemand rief: »Sie schießen«, und es herrschte in der Urbanstraße, in der Nähe des großen rechteckigen Platzes, der Neukölln vom Bezirk Kreuzberg trennt, Menschengedränge und eiliges Rennen, ja Flüchten. Mutter erzählte mir viele Jahre später, daß es damals zu einer Straßenschlacht zwischen Kommunisten und der SA gekommen war. Ich erinnere mich nur deswegen daran, weil ich auf so ungewöhnliche Weise auf der Straße »ritt«, nämlich auf den Schultern eines Mannes, der mein Vater war. Und die andere Erinnerung ist von freundlicher Art. Es war der 6. Januar 1933, Mutters Geburtstag. Wir lagen frühmorgens noch in den Kinderbetten, Guntram und ich, und der Vater beugte sich über uns, weckte uns, zog uns an und gab uns Blumensträuße. Dann standen wir um das Klavier herum und sangen ein Geburtstagslied für die Mutter. Wenige Wochen später lag er dann bleich im Bett, ich vernahm das schreckliche Wort »Blutsturz«. Großvater Borkowski holte Guntram und mich ab, wir sollten den Todeskampf, der sich noch über Monate hinstreckte, nicht miterleben. Damals wohnten wir lange Zeit bei den Großeltern in der Dieffenbachstraße, und ich erinnere mich noch gut an das Getümmel des Wochenmarktes auf dem Hohenstaufenplatz, wo die Großmutter einkaufte. Abends wollte ich immer in den Pferdestall auf dem Hof des Hauses; das Speditionsunternehmen verfügte noch über wirkliche »PS«, mehrere, mir als Kind riesengroß erscheinende Pferde. Und wenn es möglich war, dann setzte mich Großvater Borkowski auf den hohen Schimmel. Ich erinnere mich genau an diesen interessanten Raum, es roch in dem dämmrigen Pferdestall nach Heu und Hafer, nach Lederzeug und Pferdemist. An einer Wand hingen die metallbeschlagenen Gespanne.

Grimmstraße 17, den 24. September 1943

Nun ist der Besuch des Großvaters vorüber, er ist wieder nach Leipzig zu seiner Tochter, unserer Tante Erna, abgereist. Er hat mit mir die Stadt durchstreift, wir haben uns gut verstanden. Zwei große Ausflüge unternahmen wir; ich glaube, ich werde noch oft daran denken, er hat mir eine Menge Sachen erzählt, die ich mir aufschreiben möchte. Zum Abschied hat er mir sogar hundert Mark geschenkt, das soll ich aber niemandem erzählen, meinte er. Es begann damit, daß ich den Großvater nachmittags in Neukölln, in der Friedelstraße, in Onkel Alfreds Wohnung abholte. Ich erstaunte, denn er sah völlig anders aus als vor Jahren. Er trug einen schwarzen Anzug mit Weste (aus deren Tasche blickte eine dicke goldene Uhrkette), er setzte – obwohl es sehr warm war – einen dunklen Hut auf und nahm einen schwarzen Spazierstock mit silbernem Knauf aus dem Garderobenständer. Wir gingen zum Hermannplatz, und er sagte, er wolle mit mir zum Kreuzberg fahren. Warum gerade zu diesem Berg im Süden Berlins, fragte ich. »Weil man von dort einen Blick über die ganze Stadt hat, und dann können wir noch hinüber nach Tempelhof, das liegt in der Nähe, ich wollte schon immer mal den großen Flugplatz sehen.« Mit der Straßenbahnlinie 96 fuhren wir durch die Urban- und Blücherstraße zur Belle-Alliance-Straße am Halleschen Tor. Wir liefen dann diese breite Straße herunter und kamen seitwärts, ohne steil hochsteigen zu müssen, auf den Kreuzberg. Ich wunderte mich über den geraden aufrechten und schnellen Gang des alten Mannes. Er sah viel jünger aus, war auch im Gesicht ganz braungebrannt und sprach fast unentwegt, wie mir schien, mehr zu sich selbst als mit mir. Mir war warm geworden, als wir uns auf eine Bank unterhalb des Bronzedenkmals setzten, das den Helden der Befreiungskriege von 1815 gewidmet ist. Die Luft schien mir hier oben besonders klar zu sein. Wie blaue Seide leuchtete der Himmel, feine Spinnweben hingen zwischen den Ästen der Sträucher. Der Verkehr zwischen den Bezirken Schöneberg und Tempelhof, in deren Mitte der Kreuzberg liegt, summte nur leise. »Siehst du da oben den alten Blücher, den Marschall ›Vorwärts‹«, fragte mich der Opa. Natürlich sah ich ihn, er ritt ja, in Bronze als Relief herausgearbeitet, sein Schwert hoch in der Luft, an der Spitze seiner Soldaten nach Paris. Großvater spielte mit der beschlagenen Spitze seines Stockes im Kies. »Als ich vor vielen Jahren – es war um 1880 herum, damals regierten noch Bismarck und der alte Kaiser Wilhelm – mit der Großmutter sonntags zum Tanzen im Schöneberger Dorfkrug war, da wollte ich mal so ein Held werden wie der alte Blücher. Du mußt wissen, ich bin 1863 geboren, habe als Kind immer nur von den Siegen über die Dänen, Österreicher und die Franzosen erzählen hören, da ist es kein Wunder, daß ich unbedingt Soldat werden wollte.« Nach einer Pause räusperte er sich und blickte mich an: »Ja, siehst du, nun erlebe ich den fünften Krieg, ein auf Menschen schießender Soldat aber bin ich niemals gewesen.«

Er holte eine kleine Blechbüchse aus der Westentasche und nahm einen Priem. Unvermittelt zeigte er mit der Krücke auf die Belle-Alliance-Straße. »Da unten gab es damals nur Felder und Wiesen. Es war hier ganz still, drüben, nach der anderen Seite hin, lag das Dörfchen Schöneberg, wo ich die Großmutter kennenlernte. Im Herbst sahen wir hier die Garderegimenter, wenn sie zum Kaisermanöver aufs Tempelhofer Feld marschierten, aber dann war ganz Berlin auf den Beinen . . .« Seine Gedanken machten einen Sprung zurück: »Ja, Soldat bin ich nie gewesen. ›Ausgemustert‹, sagte der Militärarzt, ›wegen Schwäche und körperlichem Zurückgebliebensein!‹« Der alte Mann kicherte. »Das kam daher, weil ich als Kind Scharlach, Diphtherie, Masern und alle nur möglichen Krankheiten hatte. Also kein Blücher ist aus mir geworden, aber mit Pferden habe ich doch viel zu tun bekommen, als wir das Fuhrgeschäft gründeten. Denn du mußt wissen, Fuhrgeschäfte hatten damals ihre große Zeit im alten Berlin, die Berliner zogen ja viel um, manche zweimal im Jahr, zum April und zum Oktober, da gab es die meisten Aufträge!« Jetzt schwieg er ein Weilchen. »Sieh mal, diese große Stadt, mein Junge!« Großvater war aufgestanden und ging bis an die Böschung des Bergkegels. »Kennst du denn alle Türme von Berlin?« fragte er. »Klar, Opa«, sagte ich, er würde mich nicht in die Enge treiben können. »Was sind denn das für zwei grüne Kuppeln, da, ziemlich in der Stadtmitte?« »Na, das ist doch einfach – rechts die Schloßkapelle, erst um 1840 angebaut, und hier links der Dom von 1897, beide stehen an verschiedenen Fronten des Lustgartens an der Spree . . . Wenn du 1880 nach Berlin kamst, dann mußt du sogar noch den alten Dom gekannt haben, den Kaiser Wilhelm II. abreißen ließ, weil er ihm zu armselig erschien?« fragte ich nach. Großvater nickte nur, ging aber auf meine Frage nicht ein. »Was für Türme sind denn das hier vorne, die ganz gleichgebaut aussehen, he, weißt du das auch?« Er blinzelte, und sein Krückstock fuchtelte in Richtung Gendarmenmarkt.

»Der deutsche und der französische Dom, erbaut etwa 1704 unter König Friedrich I.«, sagte ich, nicht ohne ein bißchen stolz zu sein. Eine Sekunde blickte er mich groß an, stampfte mit dem Stock auf den Boden und fragte: »Und wo ist das Haus ›Vaterland‹?« »Kann man von hier aus nicht sehen, es liegt dort drüben in der Nähe des Potsdamer Bahnhofs, doch es ist zu niedrig. Doch sieh, Großvater, dort rechts die Zwillingstürme, das ist Berlins älteste Kirche, die von St. Nikolai, an ihr war Paul Gerhardt Propst, der bekannte Liederdichter. Rechts davon, der sehr hohe spitze Turm, das ist St. Petri, weiter links der zierliche Turm ist der von St. Marien, daneben der dicke rote viereckige, das ist das Rathaus.« Der alte Mann schien zufrieden zu sein. Ich blickte ihn von der Seite an, seine graublauen Augen sahen durch die Nickelbrille aufmerksam über das im Herbstsonnenschein liegende Stadtpanorama. »Ja, eine große und wichtige Stadt ist Berlin geworden, wie klein war sie vor fünfzig Jahren. Wie heißt es ›Reichshauptstadt‹, ja, eine reiche Stadt mit viel, viel Geld...« Er schien nachzusinnen, und ich überlegte, warum er plötzlich vom Geld geredet hatte und das »Reich« mit »reich« gleichsetzte. Da fiel mir ein, daß zu Hause öfter davon gesprochen wurde, wie die Großmutter 1914, bei Kriegsbeginn, Zehntausende Goldmark Kriegsanleihe gezeichnet hatte, fast das ganze Vermögen. »Denn sicherer können wir's gar nicht anlegen, als wenn wir's dem Kaiser anvertrauen...«, hatte sie damals gemeint. Das Wort war in der Familie überliefert worden. Der Krieg war verlorengegangen, Kaiser Wilhelm hatte seine Schulden nicht bezahlt, die Großmutter jedoch haßte von nun an jeden Staat gleichermaßen, die gescheiterte Monarchie, die Weimarer Republik und das Dritte Reich. Großvater wandte sich zu mir: »So, mein Junge, jetzt wollen wir noch nach Tempelhof, das ist doch in der Nähe. Den Flugplatz will ich noch anschauen, da wo ich einst die Schafe auf dem weiten Feld gesehen habe und den Kaiser bei seinen Gardemanövern!« Als wir nach einer viertel Stunde vor dem neuen Flughafengebäude standen, versperrte uns ein Schild den Eingang: »Militärisches Gelände, für Zivilisten ohne Sondererlaubnis gesperrt!« Großvater schimpfte mächtig, mir wurde angst und bange, doch schließlich fuhren wir zurück nach Neukölln, um uns für den kommenden Nachmittag zu einer Fahrt in die Stadtmitte zu verabreden.

Grimmstraße 17, den 25. September 1943

Mit der U-Bahn fuhren Großvater und ich von der Station Hermannplatz bis zur Französischen Straße. Nur wenige Schritte von dieser Station ist die Straße Unter den Linden entfernt. »Mein Gott, wie lange bin ich bloß von Berlin weg«, rechnete Großvater aus, »fast sieben Jahre wohne ich schon in Leipzig!« Am Kranzlereck war viel Betrieb, vor allem sahen wir junge Damen mit Soldaten und Offizieren in Heeres- und Luftwaffenuniformen, manche trugen auch Matrosen- und Arbeitsdienstkleidung. »Hast du Hunger?« Großvater fragte mit verschmitztem Lächeln. Was für eine Frage. »Wollen wir erst zu Kranzler, konditern? Oder bummeln wir gleich die ›Linden‹ herunter?« Ich entschied mich für sofortigen Kuchenschmaus und hatte dann Grund zum Staunen. Café Kranzler war gut besucht. Großvater steuerte einen Tisch mit einem ziemlich hohen Offizier an, an dem noch ein Stuhl frei war. Ohne zu fragen, setzte er sich darauf und zog mit der Krücke vom Nachbartisch einen freien Stuhl heran und gab mir einen Stups: »Da, setz dich doch!« Umständlich nestelte er an seiner Brieftasche, holte dann eine ganze noch nicht angebrauchte Kuchenkarte für den Monat September heraus – rosenrot und in viele Hundert- und Fünfzig-Gramm-Marken eingeteilt –, weidete sich an meinem Erstaunen und sagte knurrend: »Wann gehe ich denn schon konditern, aber heute wollen wir leben!« Wir aßen Streuselkuchen und Obstschnitten, dann noch Wienertorte. Schließlich getraute ich mich den Großvater zu fragen, wo er denn die Kuchenkarte herhabe. »Die hat mir Tante Erna für ihren Bruder Alfred mitgegeben. Doch die kriegen nichts von mir, die haben ja nicht mal Zeit, mit mir altem Mann spazierenzugehen. Heute sollst *du* dir etwas gönnen!« Weil Großvater mit einem Zwanzigmarkschein in der Luft wedelte, brachte uns die Serviererin dann sogar Ersatzschlagsahne. In der Nachmittagssonne spazierten wir schließlich zum Brandenburger Tor. Dort paßten wir die heraufziehende Wachkompanie ab und marschierten mit der bis zur »Neuen Wache«. Nach der Ablösung der Posten setzten wir uns am Rand des Lustgartens hinter dem Dom auf eine Bank. »Waren wir nicht vor vielen Jahren zusammen einmal hier?« fragte Großvater. »Ich war höchstens sechs Jahre alt, da gingst du mit Guntram und mir einmal bis zum Zeughaus, doch als du Eintritt bezahlen solltest, da liefen wir schnell wieder auf die Straße!« Die Erinnerung berührte den alten Mann. Er blickte geradeaus, an mir vorbei, auf die

Säulen des Alten Museums zu und sprach das weitere, ohne mich zu beachten, so als ob er mit sich selbst redete. »Sie hat mir ja nie Geld gegeben, ich habe nur gearbeitet, bespannt, beladen, abgeladen, umgeladen, natürlich gefahren, gezockelt durch ganz Berlin, bei Wind und Wetter. Nie habe ich einen Pfennig zu Gesicht bekommen. ›Wir müssen sparen fürs Geschäft, wir müssen vergrößern, einen neuen Wagen anschaffen, ein neues Gespann, der Stall muß erweitert werden!‹ Keinem hat sie was gegönnt, die Sparbücher waren ihr ein und alles...« Sprach er von der Großmutter? Jetzt stand er plötzlich mit einem Ruck auf, sah mich anscheinend überhaupt nicht mehr und wandte sich nach rechts. Doch nun drehte er sich um: »Komm über die Spree, mein Junge, komm zum Zeughaus, heute sollst du sie sehen, die Flugzeuge, hier ist Geld, genügend Geld, wir brauchen nicht zu sparen. Ja, schau sie dir an, die Flugzeuge, die Kanonen und Tanks im Zeughaus.« Er lachte, doch ich fand sein Lachen seltsam, und wir gingen über die Schloßbrücke zum großen Zeughauseingang. Hier bezahlte Großvater den Eintritt, setzte sich in die Eingangshalle und sagte zu mir: »So, ich bleibe hier ein bißchen sitzen, du schaust dir alles in Ruhe an, keine Widerrede, ich will es!« Er ließ nicht mit sich reden, sitzend starrte er auf den roten Dreidecker Manfred von Richthofens und auf den Doppeldecker Oswald Boelkes und winkte mir mit dem Stock. Ich verschwand voller Unruhe und machte einen kurzen Rundgang, denn Großvater wäre wohl beleidigt gewesen, wenn ich schon gleich wieder bei ihm gewesen wäre. Was ging wohl in dem Alten vor? War es wirklich nur der Ärger jener Erinnerung, als er, ohne Geld ausgestattet, mit seinen Enkeln das Zeughaus hatte verlassen müssen? Durch die Straße »Hinter dem Gießhause« erreichten wir dann das Spreeufer, Großvater kannte sich hier aus. Museen rechts, Kasernen links, in der Mitte die Spree, drüben der kleine Garten vom Schloß Monbijou zog ihn an. »Weißt du, wie alt dieses Schloß ist?« fragte er mich. »Fast zweihundertfünfzig Jahre«, entgegnete ich. »Eine lange lange Zeit«, sinnierte Großvater. »Und so lange fließt hier die Spree entlang...« Das war natürlich keine Frage, aber ich schaute ihn doch verdutzt an. »Natürlich, Großvater, seit vielen Hunderten, ja Tausenden von Jahren fließt sie hier entlang. Deswegen bauten ja auch vor achthundert Jahren die Fischer ihre Hütten und der Markgraf von Brandenburg seine Burg.« »Hast du dir die Flugzeuge im Zeughaus genau angesehen?« wollte er plötzlich wissen. Ich sah keinen Zusammenhang. »Habe ich –

nicht nur diesmal!« »Eigentlich wollte ich mir in Tempelhof die Maschinen von heute ansehen, die großen und modernen, die Bomben tragen und dann abwerfen. Aber das ging nicht, der Göring, den sie jetzt Meier nennen, will nicht, daß man diese Unglücksvögel sieht. Ja, mein Junge«, er machte eine Pause, holte seine Blechbüchse aus der Westentasche und nahm einen Priem und sprach dann weiter: »Diese Vögel tragen Bomben, und die Bomben zerschmettern die Häuser, und ganze Städte gehen in Trümmer. Denke an Rotterdam und London! Jetzt kommt es auf uns zu, mein Junge, hast du gehört, wie die Menschen in Köln und Lübeck, in Hamburg und Essen verbrannt sind? Ich bin ein alter Mann, mein Leben ist bald zu Ende.« Er stand auf, jetzt erst sah ich, daß seine Stockspitze etwas in den Sand vor der Bank am Schloß Monbijou gezeichnet hatte. »Erkennst du es? Nein? Das soll eine Bombe sein. Solche Bomben werden hier fallen, hüte dich, mein Junge, du bist mein lieber Sohn, an dem ich Wohlgefallen habe...« Ich erschrak, das alles gab für mich keinen Sinn. Plötzlich sah der alte Mann mich von der Seite an, schien mich scharf zu beobachten, und dann kicherte er auf eine seltsame, ja komische Art und sang krächzend den alten Vers: »Wer weiß, ob wir uns wiederseh'n, am grünen Strand der Spree...«

Grimmstraße 17, den 12. Oktober 1943

Manches am Verlauf des Krieges kann einen doch beunruhigen. Als jetzt bekanntgegeben wurde, daß es für zwei Abschnitte der Reichsfleischkarte die doppelte Menge in den Läden zu kaufen gäbe, glaubte ich erst, dies sei ein gutes Zeichen für die Kriegslage. Aber ich habe mich geirrt und dann noch mächtig blamiert. Als ich heute drüben in der Körtestraße beim Lebensmittelhändler Mißbach für diese Abschnitte Wurst kaufte und dummerweise sagte, daß ich das prima fände mit der doppelten Fleischration, da brüllte mich der alte Mißbach wütend an: »Dummkopf, wirst schon sehen, was de davon hast. Det sind die Kälber und Rinder aus der Ukraine, die uns im nächsten Jahr fehlen! Notschlachtung bei planmäßigen Absetzbewegungen der Großdeutschen Wehrmacht! So kann man es auch nennen. Aber du wirst dir noch wundern, mein Junge, nächstes Jahr können wir uns alle die Riemen enger schnallen und die Bäuche einziehen. Wer'n uns noch freuen, wenn wa' trockenes

Brot haben, nach all den Rückzügen...« Ich bekam einen roten Kopf und machte, daß ich aus dem Laden kam. Zufällig traf ich in unserem Treppenhaus dann Onkel Fritz Greinert, den Mann von Mutters Schwester, der als Eisenbahner gerade aus dem Osten auf Kurzurlaub kam, er fährt dort Versorgungszüge für die Wehrmacht. Ihm erzählte ich von dem Gespräch und fragte, ob denn bei unseren Rückzügen tatsächlich die russischen Viehherden abgeschlachtet werden. Onkel Fritz nickte: »Na, glaubst du etwa, wir würden den Bolschewiken auch nur ein Huhn übriglassen? Nichts darf denen in die Hände fallen, wenn wir schon zurück müssen, kein Rind und kein Schwein, es geht um Sein oder Nichtsein. Aber dein Krämer Mißbach sollte lieber den Mund halten, der Mann redet sich ja um Kopf und Kragen!« Am Abend saßen wir oben bei Greinerts in der alten Wohnung, die Großvater Menzel vor vielen Jahren an die Familie Greinert abgetreten hatte, weil er selbst als Witwer in den Vorort Hermsdorf zog. Auch er war heute zu Besuch, und Onkel Fritz hatte für den Großvater russischen Tabak und ein Stück Speck organisiert. Eine übergroße Flasche Wodka als »Beuteware« hatte der Onkel ebenfalls mitgebracht. Das Hauptgesprächsthema des Abends war die Front im Osten. »Ein erbarmungsloser Krieg, ihr macht euch keine Vorstellung davon«, meinte Onkel Fritz. »Gnade uns Gott, daß das niemals auf uns zurückschlagen möge, was da geschieht!« Von den vielen Partisanenüberfällen russischer Banden auf deutsche Stellungen und Versorgungseinheiten, vor allem auf die Eisenbahnen, berichtete der Onkel. »Da wird kurzer Prozeß gemacht, die kommen sofort alle an die Bäume!« – er machte die Geste des Aufhängens. »Wenn der Russe angreift, ist er meistens fünfmal so stark wie unsere Einheiten. Falls nicht bald die Wunderwaffen eingesetzt werden, dann nimmt das ein schlimmes Ende!« Ich begriff manches nicht, was Onkel Fritz von seinen Erlebnissen in Rußland wiedergab, doch wundert mich seine Haltung, weil er ja schon lange Parteigenosse ist. Einiges muß allerdings stimmen. Als ich vorgestern im Kino »Hofjäger« den neuen Film »Immensee« sah (der mich übrigens enttäuschte, weil Regisseur Veit Harlan die Handlung der Geschichte in unsere Zeit verlegte), konnte man in der »Deutschen Wochenschau« Bilder von den »planmäßigen Absetzbewegungen«, wie der Wehrmachtsbericht das immer nennt, sehen. Tatsächlich zerstören unsere Soldaten jede russische Stadt. Ein sogenannter Schienenwolf reißt die Eisenbahnstrekken hinter unseren Truppen total auseinander. Fabriken,

Schächte und Schulen werden durch Pioniere des Heeres gesprengt. Aber wahrscheinlich muß das sein, damit der Feind nicht so schnell nachsetzen kann.

Grimmstraße 17, den 25. Oktober 1943

Für einen Heimabend der Hitlerjugend lernte ich jetzt ein Lied, das sich gegen die Pfaffen richtet. Mutter hörte zufällig, wie ich den Text wiederholte: »... und ob sie es römisch oder lutherisch trieben, sie lehrten den jüdischen Glauben!« Sie ließ sich nun den ganzen Liedertext geben und verbot mir dann, dieses Lied zu lernen: »Etwas, was sich gegen unseren Glauben an Gott und Christus richtet, lasse ich dich nicht lernen!« Ich konnte nichts gegen ihren Willen ausrichten, obwohl ich versuchte, sie zu beruhigen. Sie schrieb einen Brief an den Zugführer Rieth, der mit uns diese Lieder einstudiert, in dem sie begründete, warum sie mir verboten habe, das antikirchliche Lied zu lernen. »Der Führer und auch der Reichsmarschall machen in ihren Reden immer wieder deutlich, daß der Herrgott unserem Volk den Sieg schenken werde, wenn wir alle unsere Pflicht tun. Ich glaube, daß es nicht die Pflicht eines Deutschen sein kann, die Kirche und den Glauben an Gott und Jesus Christus lächerlich zu machen oder gar auszutilgen. Haben Sie bitte Verständnis dafür, daß mein Sohn, den ich christlich erziehe, solche Verse nicht lernen und singen darf. Heil Hitler!« Der Zugführer Rieth las den Brief, sein Gesicht überzog sich mit Röte, und er sagte: »Jungenschaftsführer Borkowski kann beim Singen des Liedes heraustreten und singt nicht mit!« Ich war erstaunt über den Erfolg des Briefes und bin auch von den Kameraden nicht verspottet worden.

Grimmstraße 17, den 1. November 1943

Heute, an meinem fünfzehnten Geburtstag, hat mich Mutti zum Mittagessen ins »Haus Vaterland«, einer großen Gaststätte am Potsdamer Platz, eingeladen. Sie hat ihren »freien Tag« genommen, der ihr als Mutter einmal monatlich zusteht. »Wir wollen uns den Tag zusammen schön gestalten«, hatte sie morgens gesagt. Gegen entsprechende Lebensmittelmarken-Abgabe bekommt man in Berlin noch ein gutes Essen. Und das »Haus Vaterland« ist eine freundliche, gepflegte Gaststätte. Nach dem

Wiener Schnitzel mit Gurkensalat tranken wir zusammen ein Glas Wein, ich kam mir nun wirklich wie ein Erwachsener vor. Da wir uns keinen Besuch eingeladen hatten, gingen wir anschließend in das Ufa-Kino am Potsdamer Platz und sahen einen Film, der uns beiden gut gefiel. Er hieß »Die Entlassung«, gedreht hat ihn der Regisseur Wolfgang Liebeneiner mit Emil Jannings in der Hauptrolle als Otto von Bismarck. Es geht um den Konflikt zwischen dem jungen Kaiser Wilhelm II., der nach dem frühen Tod seines Vaters Friedrich III. schon mit neunundzwanzig Jahren den Thron besteigt. Mit dem alten Bismarck kommt der junge Kaiser nicht gut zurecht, denn er will den Kurs der Regierung allein bestimmen, was wiederum Bismarck verstimmt. Meine Mutter wurde bei diesem Film, vor allem bei dem Begräbnis des alten Kaisers Wilhelm I., sehr an ihre Jugend erinnert. Leider konnte sie mir einige Episoden, die ich nicht verstand, auch nicht erklären. So tritt dort als Gegner Bismarcks ein gewisser Bebel auf, der ziemlichen Anhang haben muß. Über diese Partei und über den August Bebel habe ich in der Schule nichts erfahren. Unerhört fand ich gegen Ende des Filmes ein Gespräch zwischen Bismarck und seinem Untergebenen, dem Geheimrat von Holstein. Bismarck spricht da über seinen geheimen Vertrag mit Rußland und sagt, daß Deutschland niemals einen Zweifrontenkrieg gegen Rußland und Frankreich führen dürfe. Aber gerade einen solchen Krieg führt doch Adolf Hitler, wobei anstelle von Frankreich heute das viel stärkere Amerika getreten ist. Und auch England ist ja noch lange nicht von Deutschland besiegt. Wenn dieser Satz von Bismarck gesagt worden ist, dann ist die Lage des Reiches wirklich sehr schlimm. Ich war enttäuscht, daß ich mit meiner Mutter darüber nicht ausführlich reden konnte. Sie entschuldigte sich damit, daß sie von Politik und Geschichte so gut wie nichts verstünde. Schade, daß ich keinen Vater mehr habe.
Eine Freude hat mir der Geburtstag noch gebracht. Mutter hat mir einen silbernen Siegelring geschenkt, den ich mir schon lange gewünscht habe. Jetzt kann ich meinen alten Ring mit dem Totenkopf endlich wegwerfen.

Grimmstraße 17, den 22. November 1943

Die Voraussagen von Dr. Goebbels, der nicht nur Reichspropagandaminister, sondern auch Gauleiter der NSDAP in Groß-Berlin ist, wurden jetzt Wirklichkeit. In der vergangenen Nacht sind die anglo-amerikanischen Bomberflotten zu einem Großangriff auf die Reichshauptstadt gestartet. Man spricht von Hunderten, ja manche Leute reden sogar von Tausenden Bombern. Jedenfalls war es ein schrecklicher Angriff, und ich muß sagen, unsere Abwehr scheint nicht in Ordnung zu sein! Zwar schoß die Flak stark, aber gegen solche Bomberströme helfen doch vor allem Jagdflugzeuge. Als wir im Luftschutzkeller saßen, bebten von den Einschlägen die Wände. Morgens, als ich zur Schule wollte, fuhr die Straßenbahn nur bis zum Halleschen Tor. Ich versuchte in die Saarlandstraße einzubiegen, da brannten beide Häuserfronten. Glühende Funken flogen um die Passanten herum, gleich mir liefen viele Menschen in Richtung Anhalter Bahnhof, denn dort kann man die S-Bahn unter der Erde erreichen oder vom Potsdamer Platz aus in die U-Bahn hinuntergehen. Trümmerberge, weinende Menschen dazwischen, überall Rauchschwaden noch brennender Häuser. Die kupfernen Straßenbahnleitungen, die den Wagen ihren Strom vermittelten, lagen auf der Erde, weil die Halterungen an den zerbombten Häusern mit heruntergestürzt waren. So also sieht der Luftkrieg dieser Barbaren aus, die ganz Deutschland vernichten wollen! Ich war erschüttert. Überall trat man auf Glasscherben und Schutt, wie soll das je in Ordnung gebracht werden? Auch hinter dem Anhalter Bahnhof brannte es. Zu meinem Entsetzen stand das große schöne Restaurant »Haus Vaterland« am Potsdamer Platz lichterloh in Flammen. Noch vor wenigen Wochen hatte ich mit meiner Mutter hier festlich gegessen. Ich stand wie gebannt vor dem Hotel Fürstenhof, das nicht ganz soviel abbekommen hatte, und sah in die tosende Glut des brennenden Potsdamer Bahnhofs und erlebte dann, wie die Kuppel des »Hauses Vaterland« mit großem Gekrache und Millionen zerstiebender Funken zusammenstürzte. Der dunkle Brandrauch ließ die Augen der eilig vorüberhastenden Menschen tränen. Ich ging in den S-Bahn-Schacht und erfuhr, daß in Richtung Wannsee und Potsdam heute kein Zug fahren könne. Also gab es für mich heute keine Schule. Mit Schrecken fiel mir ein, daß ich mich im Katastrophenfall beim Löschkommando in der Bernburger Straße hätte melden müssen. Ich verließ den S-Bahnhof unter der Erde und versuchte zur Bernburger Straße durchzukommen. Doch vergeblich. Langsam wurde es etwas heller, der trübe Novembertag zeigte traurige Bilder. Menschen, die aus den zerbombten und brennenden Häusern nur ihre Bettwäsche und ein paar Koffer gerettet hatten, saßen fassungslos und verzweifelt auf der kühlen nassen Straße und weinten. Ich sah aber auch Helfer des Roten Kreuzes, die Bohnenkaffee und belegte Brote aus fahrbaren Notküchen verteilten. Ja, die deutsche Organisation scheint noch zu klappen! Von der Saarlandstraße ging ich zur Hermann-Göring-Straße, um zu sehen, ob die Neue Reichskanzlei etwas abbekommen hatte. Aber sie stand noch unbeschädigt, wie es schien. Nur an der alten Parkmauer gegenüber dem Tiergarten, die mit preußischen Adlern aus der Zeit Friedrichs des Großen geschmückt ist – hinter ihr liegen die Gärten der Wilhelmstraße –, sah ich überall Brandbomben liegen, die ein Löschkommando mit Sand wirkungslos gemacht hatte. Hier waren also rechtzeitig Schutzmaßnahmen erfolgt. Na klar, wenn die Arbeitsstätte des Führers nicht mal mehr sicher wäre! Kurz vor dem Brandenburger Tor traf ich auf einen hohen Offizier mit seiner Frau, beide trugen zwei schwere Koffer. Ich nahm der alten Dame einfach einen ab und bot meine Hilfe an. Die Frau weinte, der Oberst bedankte sich bei mir mit den Worten: »Alles verloren, die Wohnung, das Haus, vor allem meine Bibliothek, unersetzliche Schätze!« Er blickte mich freundlich an: »Wir müssen in ein Auffanglager in der Friedrichstraße!« So liefen wir am Hotel Adlon vorüber, an der Ecke Wilhelmstraße brannte die britische Botschaft. Wie ein Hohn wirkte der Spruch des englischen Wappens über dem Tor, das unter britischen Bomben zersplitterte: »Honni soit qui mal y pense.« (»Schande dem, der dabei Böses denkt.«) Auf der Straße Unter den Linden, wo es ebenfalls unter unseren Schuhen von Fensterglas knirschte, sagte die Frau plötzlich mit Tränen in den Augen: »Ich kann nicht mehr weiter . . .« Ihr war schlecht geworden. Sie setzte sich auf den großen Koffer, den ihr Mann trug, hielt sich an dem alten Oberst fest, dem das sichtlich unangenehm war. »Meine Söhne – was wird aus uns werden? Was wird aus Deutschland . . .?« klagte sie laut. Der Offizier erklärte mir: »Sie hat heute nacht einen schweren Schock bekommen, die Bomben prasselten furchtbar in unserer Straße, das ganze Hansaviertel stand in Flammen. Wir glaubten schon, dort mitzuverbrennen. Nun sorgt sie sich um unsere Söhne, beide stehen an der Ostfront, von einem haben wir schon zwei Monate keine Nachricht!« Ich blickte die mitgenommene Frau an, aber wie hätte ich ihr helfen können? »Ihre Söhne werden sicher gesund zurückkehren«, sagte ich ziemlich hilflos. Jetzt lächelte sie, wischte sich die Tränen ab und sagte: »Ich danke Ihnen, ich werde mich zusammennehmen, gehen wir weiter!« Wir erreichten dann in der Dorotheenstraße, unweit des Bahnhofs Friedrichstraße, ein Auffanglager für Ausgebombte, und ich verabschiedete mich schnell von den beiden.

Grimmstraße 17, den 24. November 1943

Das Elend ist noch nicht zu Ende. Dies war die dritte Nacht, in der amerikanisch-englische Luftverbände Berlin bombardierten. Jetzt bin ich froh, daß ich allein bei unserer Mutter bin und Guntram in Schlesien ruhig schlafen kann. Vergangene Nacht hätte es uns beinahe erwischt. Ein englisches Flugzeug war getroffen und rauschte dicht über unser Haus hinweg. Gottlob ist es auf dem Jahnpark niedergegangen, so daß es keine Häuser vernichten konnte. Die zehn Engländer in der Maschine sind vermutlich verbrannt. Das gönne ich denen auch. Wie viele Berliner sind durch ihre Bomben in diesen drei Nächten verbrannt, verwundet und obdachlos geworden. Unsere Wohnung, das heißt unser ganzes Haus ist beschädigt. Alle Fenster sind aus den Rahmen gesprungen, überall liegen Glassplitter. Der Putz ist von den Decken herabgefallen, auf Bücher und Betten, auf Schränke und Möbel. Dabei ist es draußen empfindlich kalt und feucht. Und ich habe noch in der Nacht in einem Zimmer Pappe und Zeitungspapier und Decken vor die Fenster genagelt, damit wir ein paar Stunden schlafen konnten. Heute morgen habe ich die Fensterrahmen herausgenommen und den alten Kitt beseitigt, dann alle Rahmen zum Glaser in die Dieffenbachstraße gebracht. Wir werden die Fenster schon morgen wieder abholen können! Die Organisation ist zuverlässig, das muß ich sagen. Übrigens habe ich auch noch die Fenster unserer Nachbarn, der alten Frau Lehmann und ihrer Tochter ausgehängt, vom Kitt gesäubert und zum Glaser getragen. Für Hitlerjugendführer ist solche Hilfe einfach Ehrenpflicht. Mutter hat zwei Tage Sonderurlaub, ihre Dienststelle am Lützowplatz ist ebenfalls ein Aschenhaufen. Doch für Behörden sind natürlich Ausweichquartiere vorgesehen. Ihre Dienststelle wird jetzt in der Gitschinerstraße neue Büros bekommen, dann hat sie nur noch den halben Weg gegenüber dem früheren.

Grimmstraße 17, den 6. Dezember 1943

Heute ist der sogenannte St.-Nikolaus-Tag. Früher stellten Guntram und ich unsere geputzten Stiefel vor die Korridortür, dann hatte der Nikolaus, das war natürlich unsere Mutter, Kekse und Süßigkeiten in die Schuhe gesteckt. Wie lange scheint das her zu sein. Wir haben wirklich andere Sorgen, außerdem bin ich ja jetzt groß, und Guntram ist ohnehin nicht zu Haus. Leider muß ich die Mutter jetzt öfter allein daheim lassen, denn das HJ-Löschkommando gibt Befehle, wonach ich dreimal in der Woche in unserem Quartier in der Dessauerstraße, unweit des Regierungsviertels, zu übernachten habe. Dafür bekommen wir dann Sonderrationen an Brot und Wurst, außerdem eine schicke graublaue Uniform. Beim Einsatz müssen wir Helme tragen, da fühlt man sich schon fast als Soldat! Wenn bloß nicht so viele Blödmänner unter den Jungens des Löschkommandos wären. Ich ärgere mich über diese langen sinnlosen Gespräche, wenn wir in den Doppelstockbetten auf Strohsäkken liegen. Es geht nur um Mädchen und Revuefilme, wie zum Beispiel »Der weiße Traum« oder »Die Frau meiner Träume«, die mich überhaupt nicht interessieren. Darüber reden sich diese Kerle die Köpfe heiß! Manche von ihnen haben schon richtige Freundinnen, mit denen sie wilde Geschichten erleben. Einer behauptet, er besuche häufig eine junge Frau, deren Mann an der Front sei. Dann schlafe er mit ihr im Ehebett, und sie stelle wer weiß was mit ihm an. Klar, ich würde auch schon gerne eine Freundin haben, wie damals die Iris oder die hübsche Annelore aus Stettin, die ich in Zinnowitz im Sommerlager mal geküßt habe, aber unsere Mutter ist da viel zu streng. Ich durfte ja nicht einmal an Annelore schreiben, obwohl die mir nach den Ferien aus Stettin einen sehr netten Brief geschickt hatte...

Grimmstraße 17, den 15. Dezember 1943

Letzte Nacht ging es rund, ich bin hundemüde, das Dumme ist, daß ich vor Aufregung nicht einmal einschlafen kann. Denn ich bin Zeuge einer großen Schweinerei geworden. Wir waren in der Dessauerstraße, in der Schule, wo wir als Löschkommando auf den Einsatz warteten. Viele Nächte geschah das umsonst, doch gestern wurden wir nach dem Bombenangriff, der wieder die Stadtmitte besonders traf, alarmiert. Ein Auto der Schutzpolizei holte uns gegen Mitternacht ab. Schon von weitem sahen wir über der Innenstadt Flammen. In der Hedemannstraße, unweit des Wilhelmplatzes, brannte ein großes Gebäude: »Hier sitzt die Gauleitung!« sagte der Kommandeur des Polizeitrupps, mit dem zusammen wir in das Haus stürmten. Wir sollten in den oberen Stockwerken Brandbomben löschen – die Dinger sind ja nicht groß – und notfalls Bergungsarbeiten leisten. In einem Flügel wurde schon von der Feuerwehr gelöscht. Zum obersten Stockwerk schien kein Durchkommen, Rauchentwicklung, Hitze und der sich vom Dachbodengeschoß durchfressende Brand. Wir eilten in kleinen Trupps mit Taschenlampen dahin, wo es noch nicht brannte, suchten Brandbomben und fanden auch einige. Plötzlich tauchte der Truppführer auf und sagte, daß ein Anruf vom Gauleiter gekommen sei, wir müßten Vorräte bergen. Es stellte sich heraus, daß im dritten Stock in einigen großen Räumen Unmengen von Alkohol, französischer Kognak und guter Wein eingelagert waren. Tatsächlich fanden wir diese Kammern und konnten nur staunen: Riesenregale, vollgestellt mit Kisten und Kasten, in der Eile sah ich anfangs nur die Weinflaschen. Doch es waren noch viele andere Kostbarkeiten, Bohnenkaffee und Schokolade. Während wir die Sachen eilig und schwitzend die Treppe heruntertrugen, gab es plötzlich ein großes Geschrei. Unser Truppführer erwischte einen dicken Kerl in goldbrauner Parteiuniform, der sich mehrere Kisten mit Wein und Kognak-Flaschen, Schokolade und Kaffee »organisiert« hatte. Der Mann versuchte gerade, seine Beute auf einer Hintertreppe abzutransportieren, als er gestellt wurde. »Während meine Jungens hier Bergungsarbeit leisten, wollen Sie plündern!« schrie der junge Truppführer und zerrte den Parteigenossen an seinem braunen Gurt zur Vordertreppe. »Lassen Sie mich los, ich bin ›alter Kämpfer‹ und trage den Blutorden!« schrie der Dicke. Später versuchte er es auf die andere Tour: »Mensch, nehmt euch doch auch von den guten Sachen, ihr werdet es ja bestimmt nötig haben!« Wir standen einen Moment und waren starr über diese Frechheit. Schließlich hatte das Brüllen unseres Truppführers Erfolg, ein Polizeioffizier kam die Treppe herauf. Während es im oberen Geschoß schon gefährlich knisterte, wollte er den Parteifunktionär verhaften. Der alte Parteigenosse zog überraschend eine Pistole und rief zu dem Polizisten: »Rührt mich nicht an, ich bin unschuldig, ich stehe an wichtiger Stelle der Heimatfront!« Ich hatte den Eindruck, daß der Mann betrunken war. Als der Polizeioffizier unserem Truppführer einen unauffälligen Wink gab, umstellten wir den Kerl, der auf einmal die Pistole hinwarf und sich willenlos abführen ließ. »Weitermachen, Bergung beschleunigen!« kam jetzt der Befehl. Wir schufteten bis zum Umfallen. Eine Menge der wertvollen Beutewaren des Gauleiters konnten wir nach unten tragen, wo ein Lastkraftwagen diese Schätze aufnahm. Dann wurde es in dem Gebäude so heiß, daß ein weiterer Befehl uns zur Räumung aufforderte. Unten empfing uns ein ganz hohes Tier, während weitere Polizei- und Löschzüge der Feuerwehr mit großem Gerät anrückten. Der Mann soll der stellvertretende Gauleiter Görlitzer gewesen sein. Er belobigte uns und schenkte jedem eine Fleischbüchse und eine Flasche französischen Rotweins: »Das habt ihr wirklich verdient!« In unserem Quartier aßen wir die prima Fleischware gleich aus der offenen Büchse und tranken dazu den Rotwein. Es war beinahe wie in den alten Landsknechtsliedern. Aber wir waren wütend über den ertappten Plünderer in Parteiuniform, und unser Truppführer meinte zu meinem Schreck: »Wenn man doch ein paar Dutzend dieser dreckigen Goldfasane einfach aufhängen würde, was meint ihr, wie diese Parteischeißer unser Volk betrügen und ausnehmen. Für die Typen kämpfen, ne, besten Dank!« Ja, wenn das der Führer wüßte, dachte ich, nachdem wir alle der Reihe nach die Toilette aufsuchten, weil wir uns übergeben mußten. Ich kam erst um sieben Uhr früh nach Hause, zu Fuß, denn die Straßenbahn fuhr wieder einmal nicht. Und heute werde ich die Schule schwänzen, ich hab ja eine gute Ausrede...

Grimmstraße 17, den 20. Dezember 1943

Endlich mal eine richtige Freude: wir werden übermorgen nach Schlesien fahren, um das Weihnachtsfest mit Guntram bei der Familie von Waldow im Schloß Gurkau zu feiern. Hoffentlich klappt es mit den Zügen, denn wenn die Angloamerikaner nun weiter solche Luftangriffe starten, dann fährt womöglich bald kein Zug mehr aus Berlin heraus. Ich kann mir das kaum vorstellen, daß wir keine Sirene, keine Einschläge und kein Flakfeuer dort hören werden. Ungestört schlafen, nicht Angst haben, im Luftschutzkeller zu ersticken, was ich mir immer am allerschlimmsten vorstelle. Auch Mutter ist mit den Nerven sehr übel dran. Sie hat täglich Kopfschmerzen, es geht ihr gesundheitlich seit mehreren Wochen nicht gut. Leider sind wir auch beide reizbar gegeneinander und schreien uns bei jeder Kleinigkeit an. Eigentlich ist es kein Wunder. Strom und Gas fallen jetzt auch öfter aus, wir heizen nur noch das kleine Zimmer, denn wer weiß, wie lange die Kohlen reichen müssen.

Schloß Gurkau im Kreis Guhrau,
den 25. Dezember 1943

Im Schloß ist es noch kirchenstill. Draußen, vor dem Fenster, liegt auf den hohen Tannen Schnee. An der Dachrinne tröpfelt das tauende Wasser von den bizarren Eiszapfen, die von den langen Frosttagen herstammen. Mutti schläft noch, ich habe mich barfuß aus dem Bett geschlichen und sitze in diesem großen Gästezimmer dicht am Fenster, warm in mein Bett eingehüllt, freue mich über die weihnachtliche Landschaft und schreibe mit Spaß im Tagebuch. Guntram schläft auch noch. Gestern die Weihnachtsbescherung war festlich und schön, natürlich ganz anders, als wir das aus Berlin, von unserer kleinen Familien-Weihnachtsfeier her kannten. Meine Freude begann eigentlich schon in Berlin, wo der D-Zug auf die Minute pünktlich nach dem Fahrplan abfuhr. Allerdings nicht vom Schlesischen Bahnhof, sondern vom Görlitzer Bahnhof aus, der für uns sogar näher liegt. Als wir die Oderbrücke überfuhren, begann es zu schneien, und in Liegnitz hatten wir diesmal nur kurz Aufenthalt. Der kleine sehr gemütliche Bummelzug mit dem spaßigen Namen »Rawitsch-Express« war ziemlich leer, wir saßen alleine in einem Wagen. Unter unsere Bänke wurden alte eiserne Kästen mit glühenden Kohlen hineingeschoben. So etwas hatte ich noch nie gesehen. In Herrnstadt sollten Mutter und ich im Hotel wohnen, was auch für eine Nacht geschah. Doch als wir am folgenden Morgen über die hügelige Chaussee nach Gurkau gehen wollten, war die Straße spiegelglatt gefroren, deshalb war auch kein Wagen vom Schloß hergekommen. Wir rutschten unzählige Male aus. Mutter bat Frau von Waldow, uns in dem leeren Schloß eine bescheidene Kammer zu geben, denn wir könnten doch nicht abends im Dunkeln bei Eisregen zurück nach Herrnstadt. So erhielten wir eines der schönen großen Gästezimmer. Nachmittags gingen wir zur Christmette in die kleine Dorfkirche, anschließend war im großen Speisesaal die Bescherung der Hofleute und der ganzen Familie. Major von Waldow als Hausherr las unterm geschmückten Weihnachtsbaum die Geschichte von Bethlehem vor, dann durfte sich jeder Tagelöhner seinen Gabenteller nehmen, und wir sangen gemeinsam die Weihnachtslieder. Mir fielen die verarbeiteten Gesichter dieser Landarbeiter auf, die ich ja größtenteils von meinem früheren Besuch her kannte. Von Waldows haben noch einen Schlag erlitten, den sie nach dem Verlust der beiden Söhne Christian und Christoph erstaunlich ruhig tragen. Ihr Sohn Wulf, der geistesschwache, ist gestorben. Frau von Waldow sagte unserer Mutter, daß er friedlich eingeschlafen sei, man habe ihm den Gnadentod gewährt. Tilla und Friedel, Peter und Susi Münchow, Neffe und Nichte der Hauslehrerin, die auch aus Berlin stammen, hörten aufmerksam zu, wenn ich über den Luftkrieg in Berlin erzählte. Diesmal spielten wir nicht mehr Schlachten aus den schlesischen Kriegen, wie wir das früher taten. Wie viele Bomber über und bei Berlin abgeschossen wurden, wie brennende Straßen und zerbombte Wohnhäuser aussahen, das interessierte diese Kinder, weil sie derartiges noch nie gesehen haben. Vor allem schilderte ich natürlich meine Einsätze beim Löschkommando...

Schloß Gurkau, den 28. Dezember 1943

In wenigen Stunden fahren wir nun wieder nach Berlin zurück. Es waren ruhige Tage in Gurkau, seltsam, jetzt freue ich mich doch wieder auf Berlin, auf die Schule, mein eigenes Zimmer und meine Bücher. Ich hatte hier ein Gespräch, über das ich noch intensiv nachdenken muß. Hans-Jürgen Blank, der Theologiestudent, den ich in Gurkau früher kennenlernte, war auch während der Weihnachtsfeiertage in dem Schloß zu Besuch. Er hat sich verabschiedet, denn in wenigen Tagen wird er Soldat. Wir machten einen Spaziergang allein durch den winterlichen Park und sprachen dabei über den Krieg. Ich habe jetzt, nach diesem Gespräch, das Gefühl, als ob Hans-Jürgen mir etwas Besonderes sagen wollte. Er erkundigte sich nämlich danach, ob ich schon einmal Hitlers »Mein Kampf« gelesen hätte. Zu meiner Schande gestand ich ihm, daß ich über die Jugendjahre des Führers in Braunau und Wien noch nicht hinausgekommen sei. Der Stil dieses Buches sei recht schwierig, meinte ich, dem stimmte Hans-Jürgen zu. Schließlich forderte er mich auf, doch noch zu dem Buch zu greifen. »Du solltest die letzten hundert Seiten lesen, die Bemerkungen über die bereits 1924 geplante

Außenpolitik. Versuche es einmal!« Mehr wollte er offenbar nicht sagen. Leider konnte ich auch nicht gut antworten, da ich diesen Text noch nicht kannte. Aber ich glaube fast, Hans-Jürgen ist kein überzeugter Nationalsozialist, vermutlich ist er gegen dieses wichtigste Buch des Dritten Reiches eingestellt. Wenn das so wäre, dann ist es auch kein Trost, daß er lachend zu mir sagte: »Es lohnt sich, dieses Schlußkapitel zweimal zu lesen. Schließlich bist du doch kein Dummkopf und wirst merken, was der Führer als der genialste Deutsche noch vorhat!«

Berlin, Grimmstraße 17, den 6. Januar 1944

Heute hat Mutti ihren Geburtstag gehabt, leider konnten wir ihn nicht feiern, denn gestern nacht wurden erneut alle Fenster aus den Rahmen gesprengt, als in der Nähe, drüben in der Fichtestraße, eine schwere Bombe niederging. Diesmal gibt es auch kein neues Fensterglas beim Glaser. Er sagte mir, daß es mindestens vierzehn Tage dauert, bis er die Rahmen annimmt. Doch haben wir starke Pappe von einem Einsatzkommando in der Gräfestraße bekommen, die hilft jedenfalls, um die Winterkälte abzuhalten. Zwischen die Doppelfenster aus Pappe stecke ich altes Zeitungspapier, das dichtet nicht schlecht. Und am Tag, wenn es draußen hell ist, sind wir sowieso nicht zu Hause. Mutti ist erst um 18 Uhr daheim, und ich gehe nach der Schule zum Hitlerjugend-Dienst oder bin beim Löschkommando eingesetzt. Wir sollen uns auf weitere Luftangriffe vorbereiten, die demnächst auch bei Tage stattfinden können. Der Reichsminister Dr. Goebbels sagte in einer Radioansprache, daß wir den Gegnern durch unseren eisernen Willen und die stählerne Kraft unserer Herzen überlegen sind. Das mag schon stimmen, mir wären allerdings fünfhundert deutsche Jagdflugzeuge über dem Himmel der Reichshauptstadt viel lieber als ein stählernes Herz. Aber die Ostfront, so HJ-Führer Lauke beim Schulungsabend, braucht jetzt alle Flugzeuge, die das Reichsgebiet entbehren muß.

Grimmstraße 17, den 17. Januar 1944

Über unsere Weihnachts-Reise nach Gurkau habe ich noch einmal nachgedacht. Eigentlich ist das Hitler-Wort »Es gibt nur noch einen Adel, den der Arbeit« auf diesem Rittergut nicht verwirklicht. Dabei befinden sich doch überall in Deutschland viele solcher Güter, besonders in Schlesien, Mecklenburg, Pommern, Brandenburg und in Ostpreußen. Im Schloß Gurkau fand ich im oberen Stockwerk eine Ahnengalerie, dort hängen alle die Herren von Waldow, die einst Regimentskommandeure der Preußenkönige waren, als große Ölgemälde. Sie kommandierten die Reiterregimenter Friedrichs des Großen, dann Friedrich Wilhelms III. bis hin zu Kaiser Wilhelm II. in den vielen Kriegen eines Vierteljahrtausends. Sie haben hohe Orden von den Königen erhalten, den Pour le mérite, die Eisernen Kreuze und dazu dann auch noch Grund, Boden und die Herrensitze. Von Kaiser Wilhelm II., der erst vor wenigen Jahren in Holland gestorben ist, hängt ein buntes Ölgemälde im Herrenzimmer gegenüber dem Waffenschrank, den ich mir leider niemals in Ruhe ansehen durfte. Es trägt eine eigenhändig geschriebene Widmung und spricht von Dankbarkeit, die er seinem militärischen Erzieher schulde. Das war der Vater von Frau von Waldow, ein General der Garde in Berlin. Nicht nur das Schloß Gurkau gehört übrigens den von Waldows mit drei Dörfern, sondern bei Glogau auch noch das Schloß Kaltenbriesnitz, das ich aber niemals kennenlernte. Den »Adel der Arbeit«, von dem der Führer in seinem Werk »Mein Kampf« öfter spricht, und die Volksgemeinschaft des Dritten Reiches, an die ich fest glauben möchte, gibt es doch im Ernst nicht bei den Tagelöhnern, die auf dem Gesindehof um das Schloß Gurkau herum wohnen und die ich in ihrer Armut kennengelernt habe. Der richtige Adel, der hohe Offiziersstellen in der Wehrmacht bekleidet – ich denke dabei an die Feldmarschalle, die fast alle adlig sind – und auf solchen Schlössern lebt wie die von Waldows, der gehört eigentlich immer noch zu einer besonderen Kaste. Ich habe in Gurkau beobachtet, daß der Herr Major, wenn er auf seinem Pferd ausreitet, die einfachen Leute, die ihn ehrerbietig grüßen, nicht mal mit einem Dankesgruß beehrt. Was tut er eigentlich beruflich, er ist doch keineswegs ein alter Mann. Er frühstückt gegen neun Uhr, dann reitet er aus oder legt sich bei schlechtem Wetter die Karten. Nachmittags hält er Mittagsschlaf, und am frühen Abend geht er gewöhnlich auf die Jagd. Allerdings hat er im ersten Krieg von 1914 bis 1918 als Offizier seine Pflicht getan, im jetzigen Krieg war er in Polen und dann im Frankreichfeldzug Bataillonskommandeur. Ich habe ihn niemals so fröhlich gesehen wie im Herbst 1940, als in Niederschlesien große Manöver waren und auch in Gurkau eine rheinische Division kampierte. Sicher, die

Familie hat Opfer gebracht und zwei Söhne für Führer und Reich in den Kampf geschickt, aber das haben unzählige Arbeiter- und Bauernfamilien auch getan. Frau von Waldow tut viel Gutes an uns, sagt meine Mutter, ich habe kein Recht zur Kritik, meint Großvater Menzel, mit dem ich über den Adel sprechen wollte. Wir müssen sehr dankbar sein, daß Guntram dort sein darf und wir auch mehrere Male die Ferien im Schloß Gurkau verlebten. Das ist richtig. Aber darf ich denn nicht nachdenken über Ungerechtigkeiten, die meiner Meinung nach diesen Tagelöhnern geschehen, wenn unser Drittes Reich ein Staat der Arbeiter der Stirn und der Arbeiter der Faust sein will? Ich muß mir wirklich einmal die Zeit nehmen und im Buch des Führers »Mein Kampf« nachlesen, was dort über die Lösung dieser Probleme gesagt wird. Als Stadtjunge bin ich nur ganz zufällig auf jene Fragen aufmerksam geworden, weil ich Schloß Gurkau kennenlernte.

Grimmstraße 17, den 30. Januar 1944

Heute war in der Schule eine Radioübertragung der Führerbotschaft zum Tag der Machtergreifung. Es gibt keinen Zweifel, daß uns der Endsieg gehört, verkündet der Führer erneut, auch wenn die gegenwärtige Lage ernst ist. Der Herrgott wird dem Tapfersten als Lohn den Sieg geben, meinte auch unser Schuldirektor Hoffmann anschließend. Die germanische Rasse sei die Krönung des Menschengeschlechtes. Die Verjudung der westlichen Welt und des bolschewistischen Rußlands sei die Ursache dieses schrecklichen Krieges. Das alles habe ich schon oft gehört. Was garantiert uns nun wirklich den Sieg? Immerhin haben wir noch weite Teile von Europa besetzt. Jetzt wird soviel von der Invasion der Amerikaner und Engländer in Frankreich gesprochen, der Atlantikwall ist gebaut worden, man sieht in der Wochenschau großartige Bunkeranlagen an den Küsten, die Feldmarschall Rommel inspiziert. Doch hat dieser tapfere Offizier in Afrika den Kampf vor einem Jahr verloren, und wie ich kürzlich in einem amerikanischen Flugblatt nach einem Bombenangriff las, ist das ganze Afrikakorps in Tunis in englische Gefangenschaft geraten, während Feldmarschall Rommel auf Heimaturlaub war. Wie wollen wir jetzt die Amerikaner, die frisch und ausgeruht landen werden, schlagen, wenn unsere Armeen in Rußland und Italien ständig zurückgehen? Da kann man schon einige Sorgen haben. Der Jahrgang

1927, unsere nächsthöhere Klassen, sind kürzlich alle zur Luftwaffe eingezogen worden. Sie tun als Flakhelfer bei Batterien der Heimatflak Dienst, als ob sie Soldaten seien. Das Blöde daran ist, daß sie in den Batterien dreimal wöchentlich Schulunterricht haben, wozu natürlich keiner von ihnen mehr Lust hat. Entweder ist man Soldat oder Schüler, meine ich.

Grimmstraße 17, den 5. Februar 1944

Endlich haben wir wieder Glasscheiben in unseren Fenstern. Es ist herrlich, in den verschneiten Grimmpark zu sehen, nachdem monatelang nur Pappe in den Rahmen war. Hoffentlich bleiben uns die Fenster lange erhalten. Die Bombenangriffe haben glücklicherweise nachgelassen. Die Angloamerikaner kommen seit einiger Zeit nicht mehr mit den großen Geschwadern, sondern nur mit Moskito-Schnellbombern, das sind kleinere Flugzeuge, die wohl mehr Störangriffe fliegen. Die Boeing-Fortress-Bomber – die »Fliegenden Festungen« – starten ihre Angriffe jetzt im Westen, es heißt, daß sie damit die kommende Invasion vorbereiten... In der Schule fiel heute morgen der Englisch-Unterricht bei »Mr. Walpurger« aus, weil ein Offizier der Fallschirmjäger sich angesagt hatte, der uns einen Vortrag über die kriegsentscheidende Wirkung der Fallschirmjäger-Waffe hielt. Der Oberst hatte einen Arm und ein Auge im Kampf eingebüßt, er trug das Ritterkreuz und das Deutsche Kreuz in Gold. Er sprach sehr zündend vor uns Älteren, erzählte von der Fallschirmjäger-Landung in Kreta, und wir waren sehr begeistert. Zum Schluß forderte er uns auf, in seine Liste eine Freiwilligenmeldung einzutragen und war sehr enttäuscht, daß sich nur einer meldete. Das war unser »Gelehrter« Johannes Schaaf, der schon mit vierzehn Jahren in die NSDAP eingetreten ist. Er allein konnte sich freiwillig zu den Fallschirmjägern melden, weil wir anderen Schüler sämtlich schon registriert sind bei der Luftwaffe, der Kriegsmarine – wie ich zum Beispiel – oder auch beim Heer. Johannes Schaaf – der leider von vielen Kameraden immer gehänselt wird, weil er so klein und dicklich ist – kann natürlich niemals Fallschirmjäger werden. Er trägt eine Brille mit starken Gläsern und kann nicht einmal mit dieser mehr als drei Meter weit sehen. Auf solche Kämpfer hat Reichsmarschall Göring sicher kaum gewartet. Der Oberst verabschiedete sich sehr kurz, er tat mir fast noch mehr leid als Johannes, den wir »Schäfchen« nennen. Als ich ihn vor unserer Klassenzimmertür mit dem Oberst sprechen sah, bemerkte ich richtige Tränen in seinen Augen. Der Oberst war wenigstens freundlich zu ihm, und das hatte er ja auch verdient.

Grimmstraße 17, den 15. Februar 1944

Endlich habe ich meinen Vorsatz ausgeführt und in Adolf Hitlers Buch »Mein Kampf« gründlicher gelesen. Den Rat von Hans-Jürgen, dem Theologiestudenten, der jetzt ebenfalls als Soldat seinen Mann steht, die letzten hundert Seiten dieses wichtigen Werkes zu lesen, konnte ich befolgen, weil ich die Jugend und den Kampf des Führers in der Frühzeit der Bewegung bereits gut kannte. Die langen Kapitel über Organisation und Propaganda der NSDAP habe ich dann ausgelassen. Aber die außenpolitischen Ziele des Nationalsozialismus haben mich unsicher gemacht. Ich muß noch einmal mit einem überzeugten Parteigenossen, der politisch mehr weiß als Onkel Alfred und Onkel Fritz, über diese Frage sprechen. Als der Führer auf der Festung Landsberg sein Buch dem Parteigenossen Rudolf Heß diktierte – der damals sein Sekretär war und später als Stellvertreter Hitlers nach England flog, weil er wahnsinnig wurde –, hatte er wohl ganz andere Vorstellungen von Deutschlands Zukunft, als sie sich dann verwirklichen ließen. Er wollte zwei Verbündete für das Reich gewinnen: England und Italien. Wörtlich schreibt Adolf Hitler: »Das Gesetz des Handelns läge in der Hand des neuen europäischen anglo-deutsch-italienischen Bundes. Der weitere Erfolg wäre, daß mit einem Schlage Deutschland aus seiner ungünstigen strategischen Lage befreit würde ... Die größte Weltmacht der Erde und ein jugendlicher Nationalstaat würden für einen Kampf in Europa andere Voraussetzungen bieten als die fauligen staatlichen Leichname, mit denen sich Deutschland im letzten Krieg verbunden hatte.« Diese Seiten stehen in meinem Exemplar des Buches unter der Überschrift: »Das deutsch-englisch-italienische Bündnis.« Wie konnte es dann aber zu dem Krieg von 1939 kommen? Das begreife ich nicht. Völlig verwirrt hat mich einige Seiten zuvor Adolf Hitlers Einstellung zu einem kommenden Krieg mit Rußland. Warum hat der Führer 1939 einen Freundschaftspakt mit Rußland abgeschlossen, wenn er schon 1924 erkannte: »Man wende nun nicht ein, bei einem Bund mit Rußland müsse nicht gleich an einen Krieg gedacht werden ... Ein Bündnis, dessen Ziel nicht die Absicht zu einem Kriege umfaßt, ist sinn- und wertlos. Bündnisse schließt man nur zum Kampf. So liegt schon in der Tatsache des Abschlusses eines Bündnisses mit Rußland die Anweisung für den nächsten Krieg. Sein Ausgang wäre das Ende Deutschlands.« Vielleicht bin ich noch zu jung und zu wenig gebildet, wahrscheinlich muß man erst einmal studiert haben, um sich über derartig komplizierte Fragen ein Bild machen zu können. Aber diese Sätze beunruhigen mich sehr. Warum spricht von den Erwachsenen, unseren Lehrern oder Pastor Wollenberg niemand ernstlich mit uns über dieses Buch des Führers? In jedem Bücherschrank sehe ich das Werk stehen, doch ich habe das Empfinden, kaum einer hat es wirklich gelesen. Mit wem könnte ich wohl über alle Fragen, die hier behandelt werden, einmal sprechen? Ich weiß keinen Menschen, vermutlich könnte mir mein Vater helfen. Doch der liegt seit 1933 auf dem Luisenstädtischen Friedhof ...

Grimmstraße 17, den 26. Februar 1944

Es ist noch einmal Schnee gefallen, der diesmal nicht sofort taut. Ich saß gerade über meinen Schularbeiten, da kam unerwartet mein alter Schulfreund Gerhard Richter, der bereits eine Lehrstelle als Auslandskaufmann angetreten hat. »Mensch, hast du es gut, darfst noch Schularbeiten machen!« höhnte er. Dann stellte sich heraus, daß er mich aufrichtig beneidete. Er, der im letzten Schuljahr bei Rektor »Knollennäse« (so nannten wir den alten Fredersdorf wegen seiner wie rotpoliert glänzenden dicken Nase häufig) das Ende der Schulzeit nicht schnell genug herbeizuwünschen vermochte, stöhnt jetzt über die täglich mehr als acht Stunden Lehrzeit. Langweilig, ja stumpfsinnig sei es in dem Kontor, und eine »Auslandskorrespondenz«, wie er sie sich einmal vorstellte, gibt es infolge der Kriegsumstände kaum. »Das einzige, was mir Spaß macht, ist die spanische Sprache. Wenn nur der verdammte Krieg erst vorüber ist, damit ich mal in die spanisch sprechende Welt fahren kann«, empörte er sich. Heute wurde er gemustert und hat frei, deswegen auch sein Besuch. »Du, stell dir vor, vermutlich muß ich am 1. März zum ›Reichsarbeitsdienst‹. So ein Käse, Schippen, Hacken und ähnliches, man sagte bei der Musterung, wir kämen wahrscheinlich nach Polen, das heißt ja jetzt ›Generalgouvernement‹. Dort werden wir Baracken für verlagerte

Betriebe aus Westdeutschland bauen. Wenn du mit deiner Penne einberufen wirst, dann jedenfalls nicht zum RAD, sondern du hast die Chance, Luftwaffenhelfer bei einer Flakbatterie zu werden. Wie ich dich beneide!« Wir beschlossen, den Tag zu genießen und mit unseren alten Rodelschlitten in den Grunewald zu fahren. Das erwies sich als eine gute Idee. Draußen, hinter dem S-Bahnhof Grunewald, nahm uns ein tief eingeschneiter Winterwald auf. Wir vergaßen mit einemmal, daß wir schon fast erwachsen waren und tobten wie verrückt im Schnee umher. Auf der Rodelbahn herrschte mächtiger Betrieb, Gerhard quatschte ein paar Mädchen an, mit denen wir den Berg hinunterfuhren. Als wir dann nach einigen Stunden ziemlich durchgefroren waren, wanderten wir zu einer Bude, wo es ein heißes Getränk gab und gegen Kuchenmarken sogar eine Art Pfannkuchen. Die Mädchen wohnten in Charlottenburg, sie hießen Cordula und Ingeborg und besuchen die Mittelschule in der Nähe der Bismarckstraße. Wir wollen uns demnächst treffen, um mal zusammen ins Kino zu gehen. Ingeborg hat große, braune Kulleraugen, langes dunkles Haar und eine nette Art zu lachen. Cordula ist blond und für mich zu groß, doch in der Länge paßt sie genau zu Gerhard, der ja auch einen Kopf größer ist als ich.

Grimmstraße 17, den 8. März 1944

Der Gemüse, und Lebensmittelhändler Mißbach hat recht behalten, nachdem wir die fruchtbaren ukrainischen Gebiete zwischen Don und Dnepr verloren haben, mußte die Regierung die Lebensmittelrationen drastisch kürzen. Wie sagte er damals zu mir, als ich annahm, die doppelte Ration von Fleisch auf einige Abschnitte der Lebensmittelkarte sei ein gutes Zeichen: »Da hast du dir jeschnitten, diese Rinderherden werden uns eines Tages fehlen!« Also müssen wir wirklich die Bäuche einziehen und die Gürtel enger schnallen. Manchmal habe ich so einen richtigen Heißhunger auf Schokoladenkuchen oder auch Erdbeertorte mit Schlagsahne, wie es die im Frieden gab. Aber das ist so unendlich lange her. Heute freut man sich schon über ein frisches Brötchen mit Margarine und Kunsthonig. Essen ist ja auch nicht das Wichtigste. Wir müssen uns freuen, daß wir nicht in einer Baracke leben wie Millionen von ausgebombten Volksgenossen!
In der Buchhandlung Eisenschmidt am Bahnhof Friedrich-

straße habe ich mir kürzlich ein Buch gekauft mit dem interessanten Titel »Der verratene Sozialismus« von K. I. Albrecht. Auf dem Umschlag sieht man eine graue Mauer, und ein GPU-Soldat hat offenbar gerade einige Häftlinge mit der Maschinenpistole niedergemäht. Das Buch habe ich in einem Zuge gelesen, es ist der Tatsachenbericht eines früheren Kommunisten. Von solchen Leuten hörte ich bisher wenig, außer den Meldungen über ihre Überfälle auf die SA oder NSDAP-Versammlungen in der Kampfzeit. Von Dr. Goebbels gab es derartige Berichte in unseren Schullesebüchern. Der Kommunist K. I. Albrecht beschreibt in seinem Buch vom verratenen Sozialismus seine Jugend in Schwaben und das Frontsoldatenerlebnis im Weltkrieg. Er stammte aus einer bettelarmen Familie und fand als ganz junger Mensch den Weg zum Kommunismus, von dem er hoffte, daß er in eine gerechte Welt führt. Als Forstspezialist ging er frühzeitig nach Sowjetrußland und nahm bald eine führende Stellung auf diesem Gebiet ein. Er kennt Stalin und die leitenden Bonzen in Moskau genau, erzählt auch von deutschen Kommunisten, die er unterschiedlich beurteilt. So meint er, daß einige von ihnen große Idealisten wären, wie zum Beispiel eine alte Frau namens Klara Zetkin. Andere, wie der Führer der deutschen Kommunisten Wilhelm Pieck, seien Marionetten in den Händen des Kremlchefs. Schreckliches geschah ihm allerdings, nachdem er in die großen Säuberungen geriet und sich weigerte, die deutsche Staatsangehörigkeit aufzugeben. Haft, Folter und Qualen schildert dieser Albrecht sehr glaubhaft. Rußland ist demzufolge ein Land, in dem es den Arbeitern sehr schlecht geht, nur wenige Funktionäre besitzen Macht und Reichtum. Erstaunt bin ich darüber, daß er mit Hilfe deutscher Diplomaten aus der Sowjetunion herauskam und in Deutschland nach kurzer Haft frei ist. Wenn das stimmt, was er alles erlebt haben will, muß es in Rußland eine Schreckensherrschaft geben. Dann lohnt sich dieser Schicksalskampf.

Grimmstraße 17, den 20. März 1944

Ich muß es einmal aufschreiben, obwohl ich es schon eine ganze Weile mit mir herumtrage: ich lebe seit einiger Zeit in großen Spannungen mit meiner Mutter. Wir zanken uns häufig, sie schimpft mit mir, weil ich zu selbständig bin. Vielleicht wird das besser, wenn Guntram erst aus Schlesien zurück ist, er muß jetzt die Schule wechseln und wird dann ebenfalls die Berliner Handelsschule besuchen. Natürlich sind wir beide reizbar, weil wir viele Nächte im Luftschutzkeller ohne ausreichenden Schlaf verbringen. In der Hitlerjugend höre ich immer wieder, daß wir, die Jugend des Führers, alleine verantwortlich denken und handeln sollen.

Grimmstraße 17, den 29. März 1944

Guntram ist wieder daheim! Ich freue mich, daß wir nun zusammen im Hause sind, obwohl er mir verändert vorkommt. Er ist stiller als früher. Mutter meinte geradezu: »Du hast dich wohl in Gurkau wohler gefühlt als bei uns in Berlin?« Leider werden auch die Auseinandersetzungen, die zwischen der Mutter und mir bestehen, nicht besser. Im Gegenteil, ich bin ärgerlich, weil Guntram nun bevorzugt wird, er ist auf einmal der »Kleine«. Und kommt es zum Streit, dann hält er immer zu unserer Mutter. Auch wenn ich meine, recht zu haben, und das kränkt mich sehr. Am liebsten ginge ich aus dem Haus.

Grimmstraße 17, den 6. April 1944

Unsere Presse, der Rundfunk und die »Deutsche Wochenschau« berichten immer häufiger von der bevorstehenden Invasion, der Landung der Amerikaner und Engländer in Frankreich oder Holland, jedenfalls irgendwo an der Nordseeküste. Wenn wir viele Divisionen im Westen bereitzustellen haben, weil dort die Kriegsentscheidung erzwungen werden soll, dann ist völlig klar, daß unsere Truppen in Rußland nicht mehr vorgehen können. Wenn ich schon nicht mehr Soldat werde, weil der Krieg vorher entschieden wird, dann möchte ich vielleicht auf der Nationalpolitischen Erziehungsanstalt in Potsdam weiter zur Schule gehen. Ich habe an den kaufmännischen Fächern der Handelsschule ohnehin keinen Spaß. Geschichte zum Beispiel interessiert mich viel mehr, auch Literatur. Mutter ist am Überlegen und will sich mit verschiedenen Menschen beraten, ob diese Anstalt eine Lösung sein könnte.

Grimmstraße 17, den 18. April 1944

Ich hatte gestern ein wichtiges Gespräch mit Pastor Fritz Wollenberg. Er war schon mit unserem Vater befreundet, hat mich konfirmiert und ist nun ein bißchen ärgerlich, daß ich seit der Einsegnung so selten in die Kirche zum Gottesdienst kam. Ich erzählte ihm von dem Löschkommando und meinem vielen Hitlerjugend-Dienst. Er hatte mich in seine Sprechstunde eingeladen. Da die Frühlingssonne schon kräftig schien, gingen wir aus seinem Arbeitszimmer hinaus in den kleinen Garten hinter der Jesuskirche in der Wassertorstraße. »Ich kann dich gut verstehen, mein Junge«, sagte Pastor Wollenberg. »Aber bitte bedenke einmal, welche Sorgen und Belastungen deine Mutter gerade in den letzten Kriegsjahren hat. Du zweifelst doch nicht an ihrer Liebe zu dir und deinem Bruder?« Das tat ich nicht, nur ihre ständigen Bevormundungen, die habe ich satt. »Weißt du denn, was dich auf der ›Napola‹ in Potsdam erwartet?« fragte er mich. »Natürlich nicht im einzelnen. Aber viel Geschichtsunterricht und sportliche Ertüchtigung, das ist besser als die kaufmännischen Fächer in der Handelsschule!« Er meinte etwas ganz anderes. »Weißt du, daß bestimmte Kreise in der Partei gegen das Christentum sind?« Woher sollte ich das wissen. »Nein – kann ich mir auch nicht denken, der Führer spricht so oft vom ›Herrgott‹...« »Du darfst mir das schon glauben, mein Junge, für den Anstaltsbesuch ist eine Bedingung, daß du und sogar deine Mutter aus der Kirche austreten. Ich weiß genau, was ich da sage. Und das müßt ihr euch beide, deine Mutter und du, gut überlegen!«
Ich hatte noch etwas für mich viel Wichtigeres auf dem Herzen. »Herr Pastor, bitte sagen Sie mir offen, glauben Sie an unseren Endsieg?« Pastor Wollenberg blickte mich überrascht an. »Selbstverständlich, den müssen wir erringen und auch darum beten. Ich stecke nicht in der Person des Führers«, fuhr er fort. »Aber gewiß hat er Waffen und bestimmte Reserven, die nicht jeder Deutsche kennt. Völlig klar ist, daß es uns schlimm ergehen würde, wenn wir den Krieg verlieren!« Auf meine Frage, ob er eigentlich das Buch »Mein Kampf« gelesen habe, ging er nicht ein.

Grimmstraße 17, den 21. April 1944

Gestern war ein großer Hitlerjugend-Appell zum fünfundfünfzigsten Geburtstag des Führers auf dem Wilhelmplatz. Noch steht die Reichskanzlei, doch der Führer war natürlich nicht in Berlin, sondern in seinem Hauptquartier, irgendwo im Osten. »Unsere Mauern brachen, unsere Herzen nicht!« stand auf einem riesengroßen Transparent vor dem Propagandaministerium, dessen Hauptgebäude noch unzerstört quer zur Reichskanzlei steht. Es sprach der Hitlerjugend-Gebietsführer von Berlin, er redete von der Treue zum Führer und der Entscheidungsschlacht um Europa und das Reich, die mit der Invasion jetzt bevorstünde. Es ist schon etwas Großartiges, so viele Hitlerjungen in einem Riesenblock angetreten zu erleben und dann gemeinsam mit einem Fanfarenzug und vielen Trommlern das Fahnenlied Baldur von Schirachs zu singen: »Vorwärts, vorwärts, schmettern die hellen Fanfaren. Vorwärts, vorwärts, Jugend kennt keine Gefahren ... Deutschland, du wirst leuchtend steh'n, mögen wir auch untergeh'n. Unsere Fahne flattert uns voran, unsere Fahne ist die neue Zeit, ja die Fahne führt uns in die Ewigkeit, unsere Fahne ist mehr als der Tod ...«

Grimmstraße 17, den 2. Mai 1944

Mit Mutter hatte ich eine ruhige Aussprache. »Wir wollen es noch einmal in Liebe miteinander versuchen! Die Nationalpolitische Erziehungsanstalt ist für dich bestimmt nicht das Richtige«, meinte sie. Ich konnte mir schon denken, warum sie jetzt zu dieser Meinung gekommen war. Ihr geht es um den Glauben an Christus, der auf dieser Schule nicht erwünscht ist. »Es muß doch möglich sein, daß wir miteinander mehr Verständnis haben, ich meine es doch nur gut mit dir!« Auch ich habe ja den guten Willen. Wenn sie mich doch nur auch einmal entscheiden ließe und mich nicht immer bevormunden würde!

Grimmstraße 17, den 18. Mai 1944

Jetzt gibt es wieder Bombenangriffe, und zwar am hellichten Tag! Gestern mußte ich mit ansehen, wie nachmittags, nach der Schule, durch einen Terrorangriff der Angloamerikaner, die alten großen Dome am Gendarmenmarkt in Flammen aufgingen. Auch in Charlottenburg, in Kreuzberg und im Osten der Stadt, am Schlesischen Bahnhof, brannten viele Häuser. Die Verwüstungen solcher alten Kulturdenkmäler stimmen mich besonders traurig, die sind ja niemals mehr zu ersetzen.

Grimmstraße 17, den 26. Mai 1944

Heute kam ein amtliches Schreiben im blauen Kuvert, Mutter kriegte einen ordentlichen Schreck. Ich erhielt die Aufforderung zur Musterung beim Wehrbezirkskommando Kreuzberg in der Friedrichstraße für den 6. Juni 1944. Das ist ein aufregendes Gefühl! Damit beginnt wohl ein neuer Abschnitt in meinem Leben. Vermutlich geht es um die kommende Einberufung der Schüler vom Jahrgang 1928 als Luftwaffenhelfer. Vorher erleben wir noch eine böse Überraschung. Eine amtsärztliche Untersuchung bestätigt unserer Mutter, daß sie infolge der Bombennächte dringend zu einer Kur reisen muß. Im Juli wird sie in ein ruhig gelegenes Heim im Riesengebirge abfahren.

Grimmstraße 17, den 6. Juni 1944

Dies ist ein ereignisreicher Tag. Vormittags war ich zur Musterung in dem Wehrbezirkskommando in der Stadtmitte. Das Haus in der Friedrichstraße beherbergt eine Menge Wehrmachtsdienststellen. Oben im dritten Stock traf ich viele junge Männer, die mit lauten Reden im Vorzimmer ihre Unsicherheit verbergen wollten. Dann, in dem Musterungsraum, verging ihnen – und mir auch – jedes spöttische Wort. Da saßen neun Offiziere an einem langen Tisch, einer immer älter und verknöcherter als der andere! Der älteste war sicherlich fast achtzig Jahre, ein Oberstleutnant mit Monokel, so etwas habe ich bisher nur als Komiker im Film gesehen. Ein Oberstabsarzt saß dem medizinischnen Teil der Untersuchung vor. Nachdem man den Namen an- und den Musterungsbescheid abgegeben hatte, wurde immer etwas Neues von dem jeweiligen Offizier abgehakt, dann hieß es »In die Mitte treten!« Ekelhaft, total nackend vor diesen Blicken sich nach allen Seiten hin bückend, einer blickte mir in den After, einer von den Alten machte einen dummen Witz. Es fielen noch einige medizinische Fachausdrücke, nachdem ich alle Kinderkrankheiten aufzählen mußte. Dann berieten sich die Herren sehr kurz, und der Stabsarzt verkündete: »KV – Kriegsverwendungstüchtig bedingt als Luftwaffenhelfer!« Zum Abschied hieß es, daß die Einberufung vermutlich zum Spätsommer erfolge. »Die Mitteilung geht Ihnen rechtzeitig zu ...« Von den Jungens, die mit mir im Vorraum gewartet hatten, war keiner abgelehnt worden. Ich fuhr mit einem ganz neuen Gefühl nach Hause. Jetzt haben sich demnach alle Probleme mit der Napola und den Auseinandersetzungen mit unserer Mutter von selbst gelöst: ich bin bald in Uniform bei der Luftwaffe, wenn auch noch mit der Hitlerjugend-Armbinde, doch das ist nur eine Formsache. Ob wir nach Frankreich kommen? Vielleicht geht es auch nach Polen oder nach Ungarn? Ich bin schon sehr gespannt auf die endgültige Mitteilung. Nachmittags, ich hatte Guntram gerade von dieser Entscheidung der Musterungskommission erzählt, hörten wir den Wehrmachtsbericht. Die Angloamerikaner sind auf Befehl Moskaus zur entscheidenden Auseinandersetzung in der Normandie gelandet. Die Invasion hat begonnen, der letzte Abschnitt des Krieges, auf den wohl alle Menschen in Deutschland und Europa schon lange warten. Vielleicht kommt meine Einberufung schon zu spät, falls der Führer die kriegswendenden Wunderwaffen jetzt einsetzt?

Grimmstraße 17, den 26. Juni 1944

Kein Mensch hat mehr Lust, zur Schule zu gehen, Grammatik, Stilistik oder Briefentwürfe an den imaginären Mr. Brown in der Londoner City zu entwerfen. Alle meine Kameraden sprechen nur von zwei Dingen. Einmal ist es natürlich die bevorstehende Einberufung zur Flak, zum anderen ist es die Nachricht, daß die »Vergeltungswaffe 1« seit Tagen den Großraum von London beschießt. Raketen, vermutlich unbemannt, Riesenapparate, die mit ungeheuren Sprengsätzen über die Nordsee und den Kanal fliegen. Jetzt werden die Engländer auch einmal etwas von dem Luftkrieg spüren! Allerdings, auf den Brückenkopf der Alliierten in der Normandie hat die Vergeltungswaffe noch keinen Einfluß. Der Feind muß wohl Gelegenheit bekommen, erst einmal Truppe und Gerät dort anzulanden, sonst kann man ja keine Entscheidungsschlacht schlagen. In der Schule wird übrigens kaum noch gearbeitet. Wir machen eine Menge Blödsinn, und die Lehrer sind großzügig, weil sie wissen, daß unsere Einberufung bevorsteht. Etwas ganz Irres ist jedoch die Mitteilung, daß wir bei den

Flakeinheiten weiterhin Unterricht haben sollen. Wir unterstehen noch dem Jugendgesetz, gelten also nur bedingt als Militärperson. Das sagte gestern der alte Direktor Hoffmann, nicht ohne einen spöttischen Unterton.

Grimmstraße 17, den 1. Juli 1944

Die Ferien haben begonnen, Mutter reiste ins Riesengebirge in das ärztlich geleitete Heim, Guntram fuhr für fünf Wochen nach Gurkau. Ich freue mich auf Potsdam, dort bei der alten Tante, mit der ich mich immer gut verstanden habe, will ich meine letzten Ferienwochen als Zivilist verbringen. Der Gestellungsbefehl ist gestern angekommen. »Sie haben sich am 1. August 1944, um 8 Uhr zum Dienst am Eingang des G-Turmes der 1. Flakbatterie der Turmflakabteilung 123 im Friedrichshain zu Berlin einzufinden.« Im Friedrichshain, einer weiten Parkanlage im Nordosten Berlins, liegen zwei riesige Betontürme, Geschütz- und Leitturm, mit Zwillingsgeschützen schweren und leichten Kalibers. Aber diese Türme sind lediglich der Treffpunkt der Einberufenen. Von da werden wir wahrscheinlich die Fahrt zur Fliegerabwehr der Luftwaffe antreten, die weiter weg von Berlin liegt. »Der Einsatz der Luftwaffenhelfer ist auch im besetzten Gebiet möglich!« steht in der Einberufung. Wenn ich auf unser Haus klettere, kann ich vom Dach die beiden Betontürme im Friedrichshain gut erkennen, sogar die flatternde Reichskriegsflagge sieht man bei gutem Wetter. Ich bin sehr gespannt auf das, was mich am 1. August dort erwartet.

Potsdam, Lindenstraße 44, den 6. Juli 1944

In Potsdam scheint die Uhr stehengeblieben zu sein. Alle halbe Stunde spielt das Glockenspiel der alten Garnisonkirche unweit von Tante Lieschens Wohnung den Choral »Üb' immer Treu und Redlichkeit ...« Und zur vollen Stunde klingt es über die Fachwerkhöfe in die blitzsaubere Wohnstube der Lindenstraße 44 »Lobe den Herren, den mächtigen König der Ehren ...« Nur leider scheint der feiste Gastwirt Strauß, der das große Restaurant »Zur alten Wache« von dem Mann unserer Tante vor vielen Jahre kaufte, für diese frommen Lieder kein Ohr zu haben. Im Hof des sehr alten Hauses, in dem schon die Großeltern meiner Mutter wohnten, hat dieser Gastwirt einen

Verschlag bauen lassen, in dem die beiden russischen Mädchen Marussja und Akulina, die täglich zehn Stunden arbeiten müssen, hausen. Sie sind vor zwei Jahren aus der Ukraine nach Deutschland verbracht worden. Die eine, Marussja, ist eine Lehrerin aus Kiew, die sehr gut deutsch spricht. Ein hübsches blauäugiges Mädchen, mit dem ich mich früher schon einmal ausführlich unterhielt. Jetzt traf ich sie bei meinem täglichen Spaziergang mit der Hündin Senta in der Nähe des Ruinenberges am Schloß Sanssouci wieder. Wir mußten beide lachen, denn dort hatten wir schon einmal eine Begegnung, aber das ist schon ziemlich lange her. Erstaunlicherweise hat Marussja Vertrauen zu mir und schüttete mir ihr Herz aus. Ob sie gemerkt hat, daß sie mir gefällt? Ihr und ihrer Freundin geht es bei diesem Gastwirt nicht gut. Sie ärgert sich aber nicht darüber, daß sie täglich – auch an Sonn- und Feiertagen – zehn Stunden schwere Arbeit tun muß, sondern sie ist empört, weil dieser Gastwirt, nachdem sie eine halbe Stunde ihren Ausgang überschritten hatten, den Sicherheitsdienst der Gestapo, allgemein als »SD« gefürchtet, holen ließ. Welch eine Schande für uns Deutsche – die Bullen vom »SD« haben diese beiden Mädchen auf dem Hof der Gaststätte regelrecht durchgepeitscht. Marussja sagte, sie habe noch blutende Striemen. Dabei dürfen die Ost-Arbeiterinnen, so nennt man die Zwangsarbeiter aus Rußland, ohnehin nur zweimal im Monat jeweils vier Stunden auf Stadt-Ausgang. Was können sie schon damit anfangen? Ich finde das Ganze schauderhaft, weiß aber keinen Rat. Denn der Gastwirt Strauß ist ein bekannter Nationalsozialist, und in der »Alten Wache« verkehren prominente Parteigenossen, sogar der Gauleiter soll öfter dort sein. Jedenfalls habe ich mich als Deutscher geschämt über diesen Vorfall. Überhaupt sieht Marussja aus wie eine Germanin, die Slavenrasse habe ich mir anders vorgestellt.

Lindenstraße 44, den 17. Juli 1944

Es sind glühendheiße Sommertage. Morgens bin ich gleich nachdem ich für die alte Tante das Wichtigste eingeholt habe, mit dem bayrischen Schnauzer Senta in der schönen Umgebung von Potsdam, an der Havel oder am Heiligen See. Am Schloß Babelsberg bade ich gerne, dort hat man den freundlichen Blick die Havel abwärts vom Schlößchen Babelsberg bis hin zur Sakrower Kirche. An der Haveluferpromenade erreicht man die Gaststätte Moorlake, wo ich gerne eine Erfrischung zu mir nehme. Dahinter steigt man den hügeligen Mischwald empor und steht dann vor dem alten Blockhaus Nikolskoe, das vor mehr als hundert Jahren für einen Besuch des Zaren Nikolaus gebaut wurde (er war mit einer preußischen Prinzessin verheiratet). Gleich daneben befindet sich die kleine Waldkapelle von St. Peter und Paul, später als Erinnerung an den Zarenbesuch im russischen Stil mit Zwiebelturm am Abhang gebaut. Diese Kapelle will ich Marussja zeigen, wenn sie das nächste Mal Ausgang hat!

Lindenstraße 44, den 20. Juli 1944

Was für ein Tag, welche Aufregungen und was für schreckliche Ereignisse, von denen ich heute früh um acht Uhr, als ich mit Senta durch die sonnigen Alleen zum Marmorpalais wanderte, nichts ahnte. Fast frage ich mich, ob ich überhaupt das heute Erlebte in mein Tagebuch eintragen soll. Man weiß ja bei einem solchen Buch nicht genau, ob es einmal in unrechte Hände gerät. Was ich heute aufschreibe, ist nicht für fremde Mitleser bestimmt, ich möchte es nicht einmal meiner Mutter zeigen müssen! Der Heilige See mit dem Neuen Garten liegt schon weit von der Stadtmitte weg, von hier aus ist es nicht mehr weit zur Glienicker Brücke, man kommt von dort aus verhältnismäßig schnell zum Blockhaus Nikolskoe. Das hatte ich vor. Aber wie ich zugeben muß, nicht allein. Heute nachmittag haben Marussja und Akulina Ausgang. Und ich habe Marussja eingeladen, ihr das russische Blockhaus und die im alt-russischen Stil erbaute Peter-und-Pauls-Kapelle vor den Toren Potsdams zu zeigen ... Um 13 Uhr wollte Marussja mit der Straßenbahn zur Glienicker Brücke fahren. Dort endet die Straßenbahnlinie, und hier erwartete ich sie. Wir waren beide etwas verwirrt. Als wir die Uferpromenade entlang wanderten, gab sie mir ohne alle Umstände ihre Hand. Oben, am Berghang, saßen wir dann auf einer Steinbank unter der Kapelle mit dem Blick auf die weite Havel. Rechts schimmerten die schmalen Türme des Schlößchens auf der Pfaueninsel durch die Bäume. Marussja freute sich über das klobige Blockhaus und staunte über den Zwiebelturm der kleinen Waldkirche. »Wie gerne würde ich dir im Frieden einmal die großen Kathedralen von Kiew zeigen, doch die sind bei den Schlachten sicherlich ausgebrannt.« Eine ganze Weile lang sagten wir beide nichts, hörten nur zu, wie im

Grase die Grillen zirpten. In der Ferne tutete ein Schleppdampfer auf der Havel. Es war sehr heiß, wir gingen hinunter an das Flußufer, aßen meine mitgebrachten Brote und legten uns ins Gras. Ich hätte Marussja gerne geküßt, doch da sie ein paar Jahre älter ist, traute ich mich nicht. Ganz unerwartet hob sie ihren Kopf aus dem hohen Gras, lachte mich an, strich mir durch meine Haare und gab mir einen Kuß. Auch jetzt brachte ich kein Wort hervor. Dafür sprach sie: »Sag jetzt nichts. Du bist ja noch so jung! Aber weißt du, laß uns Freunde sein, auch wenn wir uns selten sehen. Ich werde oft an diese Stunde denken. Sag mir, daß du das auch tun willst.« Ich hätte jetzt so vieles tun mögen. Vor allem wollte ich sie noch einmal küssen, ihre Haare streicheln, ihrem Gesicht ganz nahe sein. Doch Marussja wehrte meinen Versuch sanft ab. »Nein, mein Lieber, sei nicht böse, aber das geht nicht. Denke daran, wer ich bin! Du wirst jetzt eingezogen, wir können uns lange Zeit nicht sehen. Und dann dieser Krieg! Weißt du, wie er ausgeht, wann er zu Ende ist und wo wir dann sein werden?« Ich war wie gelähmt von ihren Worten. Aber ich sah ein, sie hatte wirklich recht. In zehn Tagen fuhr ich vermutlich weit weg von Berlin und Potsdam, und der Kriegsverlauf war zumindest für die nächsten Monate ebenfalls ungewiß. Doch vielleicht konnte ich später einmal Urlaub von der Flak bekommen, dann würde ich auch nach Potsdam fahren und Marussja wiedersehen. Das war jetzt der einzige Trost, es gab keinen anderen. Obwohl ich mich freuen wollte, noch saßen wir ja am Ufer und waren zusammen, so gelang mir das nicht. Denn ich wußte, in weniger als einer Stunde würde Marussja an der Glienicker Brücke in ihre Straßenbahn steigen, und bei ihrem nächsten Ausgang in vierzehn Tagen war ich schon längst bei irgendeiner Luftwaffeneinheit, an einem Flakgeschütz. Auf dem Heimweg gab es noch eine Überraschung. Marussja hatte mich gerade gefragt, wer denn nach meiner Meinung siegen werde. Als ich, ohne mir viel dabei zu denken, mit der Antwort herausschoß: »Na, wir natürlich ... Deutschland«, bemerkte ich einen eigenartigen Zug um ihren Mund. Plötzlich war sie wie verwandelt, und dann kam die Antwort: »Ich glaube, du irrst dich. Weißt du nicht, wo die Russen schon stehen? Stalin wird gewinnen, und er wird schreckliche Rache nehmen!« Ich blieb stehen, wir waren kurz vor der Glienicker Brücke. »Ist das dein Ernst?« Marussja antwortete nicht sofort. »Die Rote Armee steht schon vor Ostpreußen, weiter südlich marschiert sie auf Warschau, blick dir doch einmal die Karte an!« Ich schwieg, dazu konnte ich nichts mehr sagen. Ohne noch ein Wort zu reden, erreichten wir die Treppe zur Brücke. Und jetzt bekam ich einen gewaltigen Schreck. Auf der Brücke waren Stacheldrahtsperren aufgebaut, die die Durchfahrt verhinderten. Soldaten mit Gewehren patrouillierten auf der Brücke. Was war das? Im ersten Moment glaubte ich, daß man uns suchte, Marussja war vielleicht beobachtet worden? Doch dann mußte ich über derartigen Unsinn fast laut lachen. Die Posten ließen uns, ohne zu fragen woher oder wohin, auch durch. Die Sperren galten nicht Zivilisten, offenbar nur Armeeangehörigen und Militärfahrzeugen. Ich begriff das nicht. Doch war ich viel zu sehr mit meinem Kummer beschäftigt, als daß ich mehr über die Soldaten nachdenken konnte. An der Straßenbahn gab ich ihr die Hand. Plötzlich kam Marussja noch einmal ganz dicht an mich heran, gab mir einen flüchtigen Kuß, hob ihre Hand und strich das Haar aus meiner Stirn: »Du Lieber, sei nicht traurig. Eines will ich dir sagen, denke später daran: Stalin und Hitler sind böse, beide sind nicht gut für Rußland und Deutschland!« Sie hatte das leise gesagt, sprang dann auf die braunangestrichene Bahn der Linie »2«. Vorne klingelte der Schaffner. Die Bahn fuhr ab. Ich hätte heulen mögen, die Sonne, der blaue Himmel, die Havel und die Glienicker Brücke, für nichts hatte ich in dieser Nachmittagsstunde mehr Augen. Langsam sah ich die Bahn hinten am Berliner Tor verschwinden. Ich ging in eine stille Straße rechts hinein in Richtung zum Neuen Garten.

Lindenstraße 44, den 21. Juli 1944

Tante Lieschen empfing mich aufgeregt. »Gott sei Dank, daß du da bist, Junge. Stell dir vor, eine Sondermeldung im Radio. Der Führer sollte ermordet werden. Eine Bombe ist in seinem Hauptquartier explodiert. Aber er lebt, er wird heute abend noch sprechen.« Ich war wie versteinert. Eine Bombe auf Adolf Hitler? Wie war das möglich? Jetzt begriff ich, warum auf der Glienicker Brücke die Posten und die Verhaue waren. Feindliche Fallschirmjäger, so vermutete ich, hatten die Bombe geworfen. Hinten, auf dem Hof, war Marussjas Lachen zu hören, sie arbeitete dort wieder für die Gäste des Restaurants »Zur alten Wache«. Wenn ich sie doch noch einmal sprechen könnte! Aber ich wußte, das war nicht möglich, vor allem ihretwegen, sie durfte ja mit Deutschen keinen Kontakt haben, sonst würde der Gastwirt wieder die Bullen vom Sicherheitsdienst kommen lassen. Doch gelang es mir, für eine Sekunde einen Blick von ihr zu bekommen. Wieder hatte sie draußen bei der Arbeit auf dem Hof gelacht, blitzschnell beugte ich mich aus dem Fenster, und so sahen wir uns. Ich war innerlich wieder froh. Es gelang mir, der Tante klarzumachen, daß ich noch einmal nach draußen müsse. Zwei Stunden ging ich nochmals in die Stadt, diesmal aber nicht in die Parks am Stadtrand. Am alten Kanal lief ich an der Garnisonkirche vorüber bis zum Lustgarten und zur Freundschaftsinsel. Es war schon dämmrig, ich beobachtete unter den alten Weiden die Schwäne. Ob diese großen Vögel glücklicher waren als ich? In der Nacht, ich hatte schon fest geschlafen, weckte mich meine Tante: »Junge, der Führer spricht!« Und dann hörte ich Hitler so wie noch niemals, erregt, kaum zu verstehen. Eine Offiziersclique von ehrlosen Verrätern hatte auf ihn als Staatsoberhaupt eine Bombe gezündet. Diese Verbrecher würden jetzt niedergemacht und ausgerottet. Ich konnte das Geschehen immer noch nicht begreifen. Eine bleierne Müdigkeit überfiel mich, und ich sagte meiner Tante, daß ich die Rede morgens, wenn sie nochmals übertragen würde, ein zweites Mal hören möchte. Im Einschlafen dachte ich zu meiner Schande nicht an den Führer, sondern ich sah Marussja mit mir an der Havel sitzen.

Lindenstraße 44, den 23. Juli 1944

Tante Lieschen sammelt ihre alten Zeitungen. So konnte ich die Wehrmachtsberichte der letzten Wochen nachlesen, was ich in der Ferienfreude versäumt hatte. Das Geschehen in Nordfrankreich ist mir nicht ganz klar. Die Schlacht um die Halbinsel Cotentin ist jedenfalls noch im vollen Gange, entschieden ist wohl noch nichts. Auch in Italien ist die Lage, nachdem der Führer Rom als »Offene Stadt« zum Schutz der Kunststätten freiwillig hat räumen lassen, wieder stabil. Allerdings an der Ostfront steht es schlimm. Im Mittelabschnitt muß es furchtbar aussehen. Dort scheinen wir eine schwere Niederlage erlitten zu haben, es ist nicht so einfach, nach den knappen Worten des Wehrmachtsberichtes ein vollkommenes Bild der Lage zu gewinnen. Da werden »Einbrüche abgeriegelt«, »Gegenstöße angesetzt«, »zähe Verteidigungskämpfe« geführt. Doch haben die Russen anscheinend die alte polnische Grenze bereits überschritten. Und im Norden stehen sie kurz vor Ostpreußen. Ist der Krieg etwa verloren?

Lindenstraße 44, den 27. Juli 1944

Wenn man durch diese kleine gepflegte Stadt läuft und nicht gerade Hunger hat, dann könnte man denken, es herrsche Frieden. Wenn man in Berlin durch das Zentrum geht, sieht man überall schon ausgebrannte Ruinen oder auch tiefe Bombentrichter. Nichts davon in der alten Königsresidenz. Hier träumen kleine Barockengel an reichen Bürgerhäusern oder gar lustige Weingötter am Schloß Sanssouci, das ja auf einem ehemaligen Weinberg steht. Es ist wohl das schönste Schloß, das ich kenne. Heute, drei Tage bevor mein ziviles Leben beendet ist, war ich schon früh durch die noch stille Stadt hinaufgegangen. Gleich am Eingang des Parks kommt man an der im Stil einer italienischen Basilika erbauten Friedenskirche vorüber, Taxushecken, Blumenbeete, sprudelnde Bäche. Und kaum einen Menschen trifft man, könnte man doch die Zeit anhalten. Auf einer abgelegenen Bank kam ich ins Träumen. Mir fiel ein, daß es Fotos gibt von einer Zeit, als meine Mutter mit ihrer Jugendfreundin Grethe ebenfalls hier Spaziergänge machte. Wie viele Menschen mögen schon hier gesessen haben in den zweihundert Jahren, seitdem der damals noch junge Preußenkönig Friedrich II. (da hieß er auch noch nicht »der Große«) diesen Park um sein soeben gebautes Sommerschlößchen anlegen ließ? Oben im Schloß bin ich einer der ersten Besucher, der Einlaß findet. Der Rundgang dauert nicht lange, es sind nur acht Räume zu besichtigen. Am schönsten ist des Königs Bibliothekszimmer, ganz in Holz getäfelt, anscheinend ohne Tür. Diese ist jedoch in einen Bücherschrank hineingearbeitet. Überhaupt die vielen Bücher, die meisten in rotes Saffianleder gebunden. Und oben in der Deckenkuppel stehen die Büsten von Homer und Platon, König Friedrich liebte die Antike. Von seinem in einer Nische stehenden kleinen Schreibtisch aus blickte er bei geöffneter Fenstertür hinaus in den Garten auf einen betenden Knaben aus dem alten Rom. Und sein Blick traf eine Marmorflora, die Blumengöttin, sehr jung und zierlich, unter der er begraben werden wollte, hier hoffte er »ohne Sorgen« zu sein, weshalb er seinem Lieblingsaufenthaltsort den Namen Sanssouci gab. Im Nebenraum ist sein Sterbesessel. Er starb als alter und bereits damals berühmter Mann. Ob er glücklich war? Die Bilder und vor allem die Totenmaske, die hier zu sehen ist, zeigen einen bitteren, ja verkniffenen schmalen Mund in dem herben Gesicht. Nichts von der Freude am Ruhm. Vielleicht dachte er an die vielen

Gefallenen, an die gebrandschatzten Bauern, die in den zehn Kriegsjahren um Schlesiens Besitz die Opfer waren? In seinem anschließenden Musikzimmer bewundere ich die Flöte, mit der er an dem kleinen Silbermannflügel stehend Johann Sebastian Bach begleitete, als dieser ihn hier im Schloß besuchte. Der König soll damals das Thema des Konzerts mit den Noten b, a, c, h angegeben haben. In der Grimmstraße habe ich eine Kopie von Menzels berühmtem Bild »Das Flötenkonzert von Sanssouci« über meinem Schreibtisch hängen. Aber da spielt nicht der alte Bach auf dem Flügel, sondern sein Sohn Philipp Emanuel, der in der Potsdamer Hofkapelle war. Die Gaststätte »Historische Mühle« lädt zu einem erfrischenden Sprudelwasser ein, dann wandere ich langsam zum Schlößchen Charlottenhof, hundert Jahre nach Sanssouci als antike römische Villa erbaut. Es ist jetzt sehr warm geworden. Zwischen den Büsten vieler Dichter, ich erkenne Shakespeare, Goethe und Schiller, mache ich eine Verschnaufpause, denn der Heimweg über das Dorf Bornstädt ist lang. So kann ich meinen Gedanken nachhängen, besonders natürlich an Marussja denken, von der ich fast jede Nacht träume. Das wenigstens kann mir niemand verbieten.

Lindenstraße 44, den 29. Juli 1944

Tante Lieschen staunt darüber, daß ich jetzt öfter in mein kleines Zimmer nach vorne gehe, um dort in meinem Tagebuch zu schreiben. »Das hast du wohl von deiner Mutter gelernt, die hat ja auch schon als junges Mädchen immer ein Tagebuch geführt!« Diese alte Tante ist wie ein guter Kamerad. Sie redet wenig, läßt einem alle Freiheiten, wenn man bei ihr ist. Und solches Vertrauen will ich auch nicht enttäuschen. Ich hätte, wenn sie nicht wäre, längst den Versuch gemacht, mit Marussja mal auf dem Hof, wenn sie dort bei der Arbeit für die Gaststättenküche tätig ist, zu sprechen. Aber da sowohl der Gastwirt und noch mehr seine Frau auf die beiden Russenmädchen höllisch aufpassen, kann ich mir das nicht erlauben. So bleibt es dabei, daß ich mich über einen Blick freuen muß, den mir Marussja zuwirft, wenn ich mal am Fenster bin. Wenn ich nur wüßte, ob sie auch einmal an mich denkt?
Als ich nachmittags vom Baden an der Glienicker Brücke heimkam, war unerwarteter Besuch da. Ein Mann in Offiziersuniform, der mir bekannt schien. Das war Tante Lieschens

Neffe, der Sohn ihrer Schwester Marie, ein Intendanzoffizier namens Onkel Gustav, direkt aus dem Führerhauptquartier. Leider ein sehr aufgeblasener und prahlerischer Mensch – und ein großer Egoist. Während die Tante für uns Pellkartoffeln mit Quark gemacht hatte, brachte dieser Volksgenosse in Uniform es fertig, sich auf einer Extrapfanne von der Tante zwei große Buletten braten zu lassen, die er dann gemütlich verzehrte. Uns lief das Wasser im Munde zusammen, das rührte ihn nicht. Ich benutzte die Gelegenheit, von einem Offizier, der es ja eigentlich wissen mußte, etwas über die Lage an der Ostfront zu erfahren. Aber da war ich an den Richtigen gekommen! »Was denkt ihr, wie wir die Bolschewiken jetzt nach Osten zurückjagen werden. Die neuen Volksgrenadierdivisionen und die 8,8-cm-Flak im Panzernaheinsatz, die werden sich wundern! Jetzt haben wir schließlich keine langen Versorgungslinien mehr, keine Partisanen im Hinterland, da wird der Kampf viel wirksamer geführt. Und vergeßt nicht, die Verräterclique, die nach dem Attentat aufgespürt und ausgemerzt wurde, das alles stärkt die Kampfmoral unserer Soldaten, nein, um die Front im Osten braucht man sich nicht zu sorgen ...«
Gott sei Dank fuhr der Schwätzer, der übrigens von Beruf Lehrer ist, noch abends wieder weg, nach Berlin, angeblich äußerst wichtiger Aufträge aus dem Führerhauptquartier wegen. Na, mit solchen Typen werden wir den Endsieg wohl kaum erringen!

Lindenstraße 44, den 30. Juli 1944

An diesen Sonntag werde ich wohl lange denken. Es war wieder ein Hochsommertag, wie man ihn sich zur Erholung wünscht. Aber meine Ferien gehen zu Ende. Morgen ist der letzte Tag, den will ich in Berlin und Königswusterhausen verbringen. Heute abend fahre ich allein nach Berlin zurück. Gestern kam ein lieber Brief von unserer Mutter, in dem sie mir alles Gute für diesen entscheidenden 1. August wünscht. Es klingt auch Sorge um meine Zukunft in ihren Zeilen, wenn sie schreibt, daß sie mich täglich in ihr Gebet einschließt. Ob das etwas nützt? Wie viele Mütter beten seit fünf Jahren für ihre Söhne, wie viele Frauen für ihre Männer. Und doch sind Hunderttausende, vielleicht sogar schon Millionen gefallen. Jesus sagte einmal, daß kein Sperling vom Dache fallen soll ohne den Willen Gottes. Was für ein Wort in unserer Zeit! Trotzdem habe ich

zusammen mit meiner alten Großtante und dem Großvater Menzel, der gestern am späten Abend noch aus Hermsdorf mit der S-Bahn herüberkam, heute die Garnisonkirche besucht. So bald werde ich keine Kirche von innen mehr sehen, vermute ich. Ein sehr alter Pastor sprach, ich verstand ihn kaum. Sicher ist es nicht richtig, im Gottesdienst an so vieles andere zu denken. Zum Beispiel an die neue Aufgabe bei der Flak oder an den Mund und die Augen von Marussja... Ein Wort aus dem Römerbrief des Paulus, das der Pastor zitierte, will ich mir merken: »Seid fröhlich in Hoffnung, geduldig in Trübsal, haltet an am Gebet.«
Nachmittags gab es mit den beiden lieben alten Menschen noch einen kleinen Spaziergang zum Schloß Cäcilienhof und dem Marmorpalais. Abends, vor der Abfahrt zum Hauptbahnhof, sprach Großvater Menzel noch seinen Segen, und gemeinsam beteten wir das »Vater unser«...

Berlin, Grimmstraße 17, den 31. Juli 1944

Kein Fliegeralarm in dieser vorletzten Nacht als Zivilist, Sonnenschein brach durch die wiedereingesetzten Fenster. Ein Abschiedskuchen, gebacken von unserer Nachbarin, der Jugendfreundin meiner Mutter. Blauer Himmel ohne »Fliegende Festungen« begrüßte mich heute früh, ich fuhr mit dem Klassenkameraden Fred aus der Boeckstraße, der sich ebenfalls morgen früh mit mir im Friedrichshain bei der Flakbatterie stellen muß, zum letzten Ausflug in Richtung Schmöckwitz. Mit der Straßenbahnlinie 87 ging es bis zur Endstation, dann über die Gosener Berge in die Mark Brandenburg, ein langer Fußmarsch durch Heide, Sand und nach unserer Wanderkarte quer über stille Waldwege durch den märkischen Forst. Wir waren beide in erwartungsvoller Stimmung auf den morgigen Tag. Bei Zernsdorf badeten wir in dem Fluß Lanke und stießen auf Nackte, was dem Fred nicht unbekannt schien. Er findet Freikörperkultur gut, ich hörte nun zum erstenmal davon. Ein älterer dicker Mann, der dort völlig nackend und braun gebrannt im Sande lag, klärte uns auf, daß dort alle willkommen wären, nur müßten sie sich eben auch gänzlich ausziehen. Wir taten das schließlich und fühlten uns wohl dabei. Zu meiner Verwunderung hörte ich von Fred, daß er den Krieg für verloren hält. Sein Vater, der früher Sozialdemokrat war, hätte ihm klargemacht, daß gegen Rußland und Amerika keine

Macht der Welt einen Krieg gewinnen könnte. Und den Führer hält Fred keineswegs für genial. Ich war entsetzt, aber auch deprimiert, weil ich kaum noch Argumente für meine Überzeugung fand. Wenn ich von den Wunderwaffen sprach, lachte Fred nur. Wenn das so wäre, warum soll man dann überhaupt noch zur Flak gehen, fragte ich ihn. Fred lachte wieder. »Weil wir müssen, du Schafskopf!« Sicher blickte ich ihn blöd an. »Warten wir es doch erst einmal ab, was morgen auf uns zukommt«, klang es tröstlich aus Freds Mund. Im Gegensatz zu mir wünscht er sich, daß wir nicht allzu weit von Berlin wegkommen. In und um Berlin gäbe es ja auch eine Menge Flakbatterien. Und wenn es dann noch schlimmer mit der Kriegslage käme, dann wäre das Häusermeer von Berlin ein günstigeres Versteck als eine fremde Stadt oder Provinz. Der macht sich aber Gedanken! Ich will mich jedenfalls nicht unterkriegen lassen. Wir brachen das Thema dann ab und wanderten in der Dämmerung durch das Städtchen Königswusterhausen. Ich war schon oft dort und konnte Fred das kleine Jagdschloß des Soldatenkönigs Friedrich Wilhelms I. zeigen. Ein sehr alter Bau, dicke Türme, hohe Mauern und kleine Fenster, ein Jagdschloß eben. Mir fiel ein, daß der junge Friedrich als Prinz mit seinem Bruder hier häufig Qualen erlebte, weil er die Jagd haßte, aber als Kronprinz mit dabeisein mußte. Abends, nach dem Jagdvergnügen, saß der biedere König mit seinen Generalen bei Bier und Tabakgenuß. Und Friedrich mußte als Junge zu diesen rauhen Gesellen gehen, Bier trinken und sich den Tabak ins Gesicht wehen lassen. Kein Wunder, daß er später niemals auf die Jagd ritt, keine Pfeifen rauchte und auch das Beten verabscheute. Denn im Tabakskollegium des Königs mußte er auch noch öffentlich beten. So trieb ihm der eigene Vater den Glauben aus. Trotzdem und obwohl es noch furchtbare Auseinandersetzungen gab und bis zum Fluchtversuch und der Verhaftung durch den eigenen Vater kam, hat Friedrich als König das Werk dieses Vaters fortgesetzt.
In Berlin war es stockdunkel, als wir uns am Kottbusser Tor verabschiedeten. »Bis morgen früh, um 7.15 Uhr in der Linie 3!« rief mir Fred noch nach.

Berlin, Flakturm Friedrichshain, den 1. August 1944

Seit heute früh 8 Uhr bin ich als Luftwaffenhelfer Angehöriger der Deutschen Wehrmacht. Die Schüler des Jahrganges 1928 sind zur Fliegerabwehr im Reich einberufen, ich bin Luftwaffenhelfer in der 1. Batterie der Turmflakabteilung 123 und werde am Geschütz »Cäsar« Dienst tun als Ladekanonier. Freds Hoffnung, daß wir in Berlin oder der Umgebung eingesetzt werden, hat sich erfüllt. Mir tut es leid, daß ich nicht nach Holland oder Ungarn komme. Aber Soldaten haben kein Recht, sich den Ort der Schlacht auszusuchen. Und natürlich hat es auch Vorteile, so nahe der Heimat zu bleiben. Unser riesiger graugrüner Betonturm steht inmitten des Friedrichshains, einer großen Parkanlage im Nordosten Berlins. Von der hohen Plattform des Turmes aus hat man einen weiten Überblick. Die vielen Kuppeln und Türme der Reichshauptstadt, das Schloß, der Dom, weit im Westen der schlanke Funkturm und viele Kirchtürme grüßen den Betrachter. Auf der Ost-West-Achse erkennt man die goldene Viktoria über der Siegessäule. Ganz in der Nähe, nördlich von uns, erheben sich die stählernen Rohre der schweren 12,8-cm-Batterie im Flakturm Humboldthain, im Westen die der Batterie des Flakturms Zoo.
Wir Luftwaffenhelfer sind fünfzehn und sechzehn Jahre alt, lediglich der Geschützführer, Unteroffizier Ullrich, ist ein erfahrener Artillerist. Von Beruf ist er Fotograf. Nach dem ersten Mittagessen – es gab eine übelschmeckende Haferschleimsuppe – machte er von uns allen Paßfotos für den Luftwaffenhelferausweis. Nachmittags spricht der Batteriechef, Oberleutnant Küttner, zu uns. Er ist freundlich und redet wie ein älterer Kamerad: »Der Krieg ist in seine entscheidende Phase getreten. Mit euch, Kameraden, wird der Führer zum siegreichen Endkampf gegen die jüdisch-bolschewistische Pest antreten!« Als wir endlich auf unserer Bude liegen – direkt unter dem Geschütz »Cäsar«, im östlichen Eckturm –, tauschen wir unsere Gedanken aus über diese Rede. Der Batteriechef ist von Zivilberuf Oberstudienrat, er muß ja wissen, worum es in diesem Krieg geht. Auch wenn die Lage an allen Fronten ernst ist, Deutschland und wir, seine Jugend, werden jede Bewährungsprobe bestehen. Darin hat der Oberleutnant sicher recht, wenn Gott den Führer bei dem feigen Attentat am 20. Juli vor dieser Verschwörung rettete, dann ist das ein sichtbares Zeichen für die große geschichtliche Aufgabe Adolf Hitlers und des Nationalsozialismus.

Am Nachmittag erhalten wir dann Uniformen und Stahlhelme beim Kammerbullen. Obwohl ich die kleinste Luftwaffenhelferbluse bekam, ist sie mir viel zu groß, die Brusttaschen sitzen unter den Achseln. Noch am Abend werden wir am Geschütz »Anton« auf den Führer Adolf Hitler und Großdeutschland vereidigt. Die Hakenkreuzfahne flattert im Wind, wir blicken nach Osten und geloben Treue bis in den Tod. Wir sind stolz, bei der letzten Schlacht um das Reich noch dabeizusein. Niemand soll uns feige nennen dürfen!

Flakturm Friedrichshain, den 9. August 1944

Die ersten acht Tage als Luftwaffenhelfer habe ich geschafft! Allerdings ist die Zeit sehr schnell vergangen, denn die neuen Eindrücke, Erlebnisse und Bekanntschaften haben mir nicht viele Möglichkeiten gelassen, zu mir selbst zu kommen. Leider muß auch das Tagebuch darunter leiden, denn hier, in der von uns bewohnten Stube 21 unter unserem Geschütz »Cäsar«, ist man ja niemals allein. Wir wohnen mit acht Luftwaffenhelfern in diesem Raum zusammen, vier Doppelstockbetten und acht große graue Schränke, acht Hocker ohne Lehnen, ein großer viereckiger Tisch und ein riesengroßes Führerbild sind das Mobiliar – alles nicht sehr gemütlich! Aber dafür sind wir eben des Reiches jüngste Soldaten...
Mit dem Tagebuch sitze ich oben in luftiger Höhe auf der Bastion unseres Turmes. Es ist fürchterlich heiß, die Sonne flimmert, der Beton wirft die Hitze zurück, nur in der Badehose läßt es sich aushalten, und alle Stunde renne ich zur Brause, um mir Kühle zu verschaffen. Die schönsten Stunden am Tag sind diese zwei Mittagsstunden, in denen dienstfrei ist, wenn nicht gerade die »Fliegenden Festungen« wie kleine silberne Raubvögel am Himmel über Berlin erscheinen und wir Geschützdienst versehen. Wir müssen dreimal wöchentlich je vier Stunden exerzieren, »Infanteriedienst« nennt der Korporalschaftsführer, Unteroffizier Bruns, das höhnisch. Das ist eine Schinderei. Angezogen mit der »zweiten Garnitur«, einer verfilzten blaugrauen Uniform, die schon irgendein Unbekannter vor mir trug, werden wir auf einem sandigen Übungsplatz im östlichen Friedrichshain gescheucht, daß der Schweiß in Strömen fließt. Dabei tragen wir Marschgepäck, manchmal auch Maschinengewehre und Munitionskisten. Drei von uns wurden schon ohnmächtig, einer erhielt einen Hitzschlag; und dabei stehen

der Unteroffizier Bruns, mal auch Moltzahn oder Hager, dic sämtlich unsere Geschützführer sind, im Schatten, unter den alten Bäumen, grinsen blöde und brüllen ihre Kommandos: »Im Laufschritt vorwärts!« Oder auch, wenn wir nicht gespurt haben: »Volle Deeeckung!« Nicht nur, daß man den hellen Sand aus Mund und Nase herausspucken und rotzen will, nein, ohne zu überlegen, würde man am liebsten um die Ecke türmen, und vor Wut möchte man diesen Schindern gegen das Schienbein treten. Jeder fragt sich, muß das sein? Wenn wir an den Geschützen stehen oder in der Meßstaffel Dienst tun, warum müssen wir dann hier geschliffen werden wie junge Infanteriesoldaten, die zum Sturmangriff antreten? Mir fällt auf, daß die Offiziere hier nicht zu sehen sind, nur die Unteroffiziere machen sich einen Spaß daraus, uns zu schikanieren. Nach solchem Dienst schläft man in der Mittagspause wie ein Toter. Klingelt die laute Alarmglocke um 15 Uhr zum Dienst, erwacht man, ohne zu wissen, wo man ist und was nun auf einen zukommt. Einige ältere Kameraden schwören heimlich, daß sie an Bruns, Moltzahn und Hager eines Tages Rache nehmen wollen.

Berlin, Grimmstraße 17, den 15. August 1944

Ein schöner Nachmittag: ich habe meinen ersten Ausgang! Alle vierzehn Tage sollen wir, wenn er nicht gesperrt ist, einen Nachmittagsausgang von 13 Uhr bis 20 Uhr bekommen, einmal im Monat dürfen wir sogar zu Hause übernachten. Aber das hängt von der Gnade des Korporalschaftsführers ab. Wenn der etwas auszusetzen hat, dann wird der Ausgang gesperrt. Das gilt auch, wenn Munitionstransport ist, eine üble Sache. Die schweren Granaten für die 12,8-cm-Geschütze werden von Lastkraftwagen unten abgeladen und zu den Aufzügen in die große Eingangshalle des Turmes geschleppt. Heute also war ich zum erstenmal in Luftwaffenhelferuniform in unserer Wohnung, wo mich meine Mutter mit einem Kartoffelkuchen empfing. Sie hat sich während ihrer Kur im Riesengebirge gut erholt. Mein Bruder war sehr neugierig auf meine Erlebnisse in der Batterie. Unser Großvater Menzel war da, er feierte seinen 73. Geburtstag, und darum waren auch die Greinerts gekommen, Tante Bertchen, ihre Tochter Heidi und Rudi. Ja, darüber habe ich mich besonders gefreut, denn Rudi hat seine Ausbildung in Dänemark als Infanterist beendet und wird jetzt nach Polen an die Ostfront kommandiert. Er träumte schon seit langem davon, Soldat zu werden. So war es eine Abschiedsfeier für Rudi. Nach dem gemeinsamen Kaffeetrinken setzten wir beide uns in mein Zimmer, und Rudi berichtete von der Ausbildung in Dänemark. Den haben sie noch viel mehr geschunden als uns Luftwaffenhelfer im Friedrichshain. Ich war erschrocken, welchen Haß der Rudi auf seinen Ausbilder, einen Unteroffizier, hat. »Beim ersten Fronteinsatz legen wir den um!« meinte er und blickte mich kalt und entschlossen an. »Weißt du noch, wie du dich auf die Soldatenzeit gefreut hast, Rudi?« fragte ich ihn. Er schüttelte nur den Kopf. »Weil ich keine Ahnung hatte von dem, was mich schon bei der Ausbildung erwartete!« Seine Einheit ist täglich sechs Stunden lang »mit allen Schikanen« geschliffen worden. Das wäre alles noch sehr gemütlich, habe der Ausbilder immer spöttisch gesagt, »die Russen werden euch die Eier noch ganz anders zum Kochen bringen ...!« Rudi hatte nur eine Freude gehabt, das Essen war in Dänemark reichlich und gut, auch vom Alkohol schwärmte er, der ihm zum Trost geworden sei. Als er, blaß und schmal im Gesicht, mir das alles erzählte, hatte ich Mitleid mit ihm. Vielleicht ist die Einberufung zur Flakbatterie Friedrichshain sogar ein Glück für mich. So kann ich mich an das, was später noch kommt, gewöhnen. Außerdem hoffe ich, daß es bei der Kriegsmarine nicht so gemein zugeht. Rudi machte mich stutzig mit dem nachdenklichen Satz: »Ob das eigentlich der Führer alles weiß, wie man uns jungen Soldaten die Begeisterung austreibt? Schließlich war er vor fünfundzwanzig Jahren selbst einfacher Soldat und Kriegsfreiwilliger ...?« Ähnliche Sätze habe ich nun öfter gehört. Ich meine, daß der Führer sicher nicht alles wissen kann. Aber – und das habe ich meinem Vetter nicht zu sagen gewagt – vielleicht ist diese fürchterliche Grundausbildung beabsichtigt? Denn eines ist erreicht, Rudi und seine Kameraden freuen sich ja, an die Front zu kommen.

Flakturm Friedrichshain, den 18. August 1944

Heute hatten wir am Nachmittag nationalpolitischen Unterricht. Oberleutnant Küttner, der Batteriechef, leitete ihn persönlich. Es ging um den Prozeß gegen die Verbrecher des 20. Juli, der jetzt vor dem Volksgerichtshof geführt wurde. Unser Batteriechef war selbst einen Tag lang als Zuschauer dabei. Was er uns nun über den Prozeß berichtet, machte mich nachdenklich. Präsident Freisler hat über die Verräter die Todesstrafe verhängt, zwei Stunden später sind die Verurteilten bereits durch Erhängen getötet worden. Was ich nicht begreife, ist, warum höchste Generale der Deutschen Wehrmacht – einer war sogar Generalfeldmarschall – gegen den Führer einen Aufstand planten. Alle trugen hohe Orden, Ritterkreuze, Eiserne Kreuze und haben den gleichen Eid geschworen, den auch wir vor ein paar Tagen abgelegt haben: »Ich werde dem Führer des deutschen Volkes, Adolf Hitler, treu und gehorsam sein!« Außer dem Namen des alten Feldmarschalls von Witzleben war mir keiner dieser Offiziere zuvor bekannt. Doch ist es keine Frage, daß alle Beteiligten viel besser um die Kriegslage, die Aussichten auf den Sieg oder den Untergang Deutschlands wußten, als beispielsweise Oberleutnant Küttner oder wir Luftwaffenhelfer. *Warum* taten sie das, versuchten Adolf Hitler zu töten und die Führung der Armee und des Reiches an sich zu bringen? Generaloberst Beck soll früher Generalstabschef des deutschen Heeres gewesen sein, der mußte die militärische Lage doch ganz genau überblicken. Wieso wurden solche Männer nun zu »Ehrgeizlingen«, welchen Ehrgeiz hatten diese Offiziere, die Präsident Freisler als »dumpfe Reaktionäre« bezeichnete, die doch eigentlich nur an unserem Sieg interessiert sein konnten? Am schrecklichsten scheint mir zu sein, daß die Generalstäbler das Attentat bereits seit dem Jahr 1943 planten. Wußten die Verräter denn damals schon, daß die militärische Lage bis zum Sommer 1944 so schwierig sein würde? Ich bin bedrückt darüber, daß ich die Zusammenhänge nicht ganz begreife. Andererseits gebe ich dem Batteriechef recht, der in der Rettung des Führers die göttliche Fügung sieht, daß Großdeutschland nur durch ihn siegen wird. Selbstverständlich müssen Eidbrüchige als Hoch- und Landesverräter dann auch mit ihrem Leben büßen, warum lernten wir sonst in der Schule schon den Satz »Die Treue ist das Mark der Ehre ...«

Flakturm Friedrichshain, den 28. August 1944

Trübe Stimmung herrscht in der Batterie: Paris ist von den Westmächten erobert! Wir sitzen mittags immer vor der großen Europakarte in der Meßstaffel und verfolgen die Absetzbewegungen unserer Wehrmacht in Frankreich. Noch vor zwei Monaten erklärte Propagandaminister Dr. Goebbels, daß die

Angloamerikaner in Frankreich vernichtend geschlagen werden. Ja, selbst Adolf Hitler hatte von der Entscheidung des Krieges im Westen gesprochen! Und nun? Ich vermute, das hat auch nichts mehr mit Absetzbewegungen zu tun, es sieht schon nach planloser Flucht aus. Außerdem scheinen ja starke deutsche Truppenansammlungen in Süd- und Westfrankreich durch den schnellen Vormarsch der Alliierten abgeschnitten zu sein. Und die V-Waffen, von denen man kürzlich Bilder in den Zeitungen und in der Wochenschau sah, fliegen weiter nach England! Haben diese Riesenraketen, auf die wir jahrelang warteten, denn keine Wirkung auf den Feind? Dann wäre ja der Krieg verloren? Das wage ich kaum niederzuschreiben. Ich will ja auch nicht an dem zweifeln, was der Führer und die Regierung immer versprachen. Dabei gibt es außerdem noch Hiobsbotschaften von der Ostfront, wo die Russen nach einer Sommeroffensive im Norden bereits in Ostpreußen eindringen und weiter südlich die Weichsel erreichten. Wie ein Wunder kommt es mir vor, daß sie dort noch einmal zum Stehen kamen.

Flakturm Friedrichshain, den 5. September 1944

Aus einem unbekannten Grund fiel heute der Unterricht an Waffen und Gerät aus. Vielleicht, weil der Spieß, der Hauptwachtmeister Brüggemaier von unserer Batterie verabschiedet wird. Er soll zum Aufbau einer neuen Waffen-SS-Division »Hitlerjugend« zu dieser Kerneinheit des Heeres versetzt werden. Unteroffizier Berger, der noch sehr jung ist und den wir alle mögen, obwohl er ziemlich streng ist (welcher Unteroffizier ist das nicht?), befahl uns, mit den Hockern aus unserer Stube auf der Turmplattform zum Singen zu erscheinen. Wir tauften ihn übrigens »Unteroffizier Zack-Zack«, weil er jedem Befehl das schneidige und wie abgehackt klingende Kommando »Zack-Zack« folgen läßt. Für zwei Stunden waren wir fröhlich und vergaßen alle Sorgen. »Hoch auf dem gelben Wagen« war das erste Lied, es folgten »Regiment sein Straßen zieht« und viele alte Marschlieder. Spätsommersonnenschein, kein Tagesangriff, kein Infanteriedienst, es machte richtig Spaß! Für den scheidenden Spieß übten wir dann das Landsknechtslied: »Ich habe Lust, im weiten Feld zu streiten mit dem Feind. Wohl als ein tapfrer Kriegesheld, der's treu und redlich meint. Wohlan, die Fahne weht, wohl dem, der zu ihr steht! Es helfe uns der Herre Gott zum Sieg aus aller Not...« Am Abend feierten die Herren Unteroffiziere in der Kantine, uns war der Zutritt verboten. Sie waren, als wir einen heimlichen Beobachter durch die Küche herunterschickten, so sternhagelbesoffen, daß sie sich das Bier in die Schaftstiefel gossen und damit ihre »Taufe« nachvollzogen. Die »Mutter der Batterie«, wie man den Hauptwachtmeister nennt, kroch vom Alkohol betäubt auf allen vieren in der Kantine herum. Ja, sie sahen aus wie die Tiere. Und zu guter Letzt bekotzten sie sich und grölten schmutzige Lieder. Und diesen Viechern sangen wir heute vor: »Es helfe uns der Herre Gott zum Sieg aus aller Not!«

Flakturm Friedrichshain, den 12. September 1944

Tatsächlich hat die Sauferei der Herren Unteroffiziere noch ein Nachspiel gehabt, einige »Uffz« – wie die Abkürzung lautet – wurden vom Batteriechef bestraft. Alles bleibt streng geheim, doch Constanze, die hübsche Stabshelferin, mit der Udo abends öfter quatscht – er liebt sie unausstehlich –, hat ihm erzählt, daß Unteroffizier Moltzahn, ein pommerscher Bauernsohn, der immer Wurst, Speck und Eier hat, eine halbe Stunde lang an ihrer Tür gekratzt hat und sie dann sogar einzuschlagen versuchte. »Mollekopp«, so nennen wir alle diesen feisten Erbhofbauern, kann uns Luftwaffenhelfer ohnehin überhaupt nicht riechen. Jetzt wird er uns die Abfuhr bei Constanze sicher entgelten lassen. Dann aber gnade uns Gott!

Flakturm Friedrichshain, den 15. September 1944

Ich hatte den richtigen »Riecher«: Mollekopp hat sich fürchterlich gerächt, besonders an Udo. Er machte einen Spind-Appell, natürlich nur zum Schein, denn wir halten alles in bester Ordnung. Als wir heute nach dem Waffenreinigen in die Stube kamen, empfing uns ein widerwärtiges Bild. Alle Kochgeschirre, in denen wir die Haferschleimsuppe vom Mittagessen aufbewahrten, damit wir nach dem nächtlichen Alarm noch einen kleinen Happen für den größten Hunger haben, hat das Dreckschwein in die Unterwäsche gegossen, dazu die Margarinebüchsen geöffnet und das Fett in den Schrank geworfen, zusammen mit Wurst und der Marmeladenschüssel. Dann hat Mollekopp die Strohsäcke aus den Doppelstockbetten herausgerissen und das schmuddlige staubige Stroh im ganzen Raum

»verteilt«. Wir seien eine »Saubande«, und unsere Betten hätten angeblich nicht »auf Kante« gelegen. Alle Hemden und dazu die Ausgangsuniformen sind verdreckt auf den Betonboden geschmissen worden, es sah aus, als sei eine Luftmine hochgegangen. Wir glühten vor Haß, denn in nur einer Stunde wollte er erneut kommen und nochmals einen »Ordnungsappell« machen. Udo kamen vor Wut die Tränen, das hatte ich bei dem noch nie gesehen. »Dieses Schwein neidet mir nur, daß Constanze mich lieber hat als ihn, diesen Fettsack!« Noch ist der neue Spieß nicht da, darum schlage ich vor, wir beschweren uns beim Batteriechef Küttner. Schließlich sind wir noch Jugendliche und Mitglieder der Hitlerjugend – kann man uns denn so behandeln?

Flakturm Friedrichshain, den 18. September 1944

Eigentlich ein Grund zur Freude. Unsere Soldaten im Westen haben eine große englische Luftlandung bei Arnheim verhindert, das heißt, die Engländer sind geschlagen worden. Aber was nutzt uns das im Krieg gegen die Unteroffiziere Moltzahn, Bruns und Hager. Die haben uns heute fertiggemacht. Alle Luftwaffenhelfer mußten vor der Schreibstube antreten, und Moltzahn erschien mit Bruns und Hager zum Haareschneiden der »Herren Luftwaffenhelfer«, wie er höhnisch erklärte. Reihenweise hat man uns vortreten lassen und jedem eine Art Halbglatze geschnitten. Udo hatte Mut, er trat vor und sagte streng militärisch: »Ich bitte, Herrn Unteroffizier zur Kenntnis zu nehmen, daß die Luftwaffenhelfer (Hitlerjugend!) dem Jugendschutzgesetz des Führers unterstehen. Es ist daher nicht Ihr Recht, uns gegen den Willen unserer Eltern die Haare zu schneiden!« Moltzahn brüllte vor Wut auf, anscheinend war er auf Udo besonders scharf und nahm ihn sich »liebevoll« vor. Udo sah tatsächlich, mit dem Haupthaar auf Streichholzlänge getrimmt, aus wie ein Mongolenchan! Wie soll man denn mit solchen Unteroffizieren gemeinsam für den Sieg sein Leben einsetzen. Jetzt verstehe ich meinen Vetter Rudi, der seinen Ausbilder in Dänemark verfluchte. Ich habe auf der Bude versprochen, daß ich mich für alle Kameraden beim Batteriechef beschwere. Morgen früh werde ich mich in der Schreibstube zur Meldung bei Oberleutnant Küttner vormerken lassen.

Berlin, Grimmstraße 17, den 24. September 1944

Meine Idee war ein voller Erfolg! Oberleutnant Küttner empfing mich in seiner privaten Wohnung im Leitturm, der dreihundert Meter entfernt neben dem Geschützturm liegt. Ich habe mich zackig mit besonders gut geputzten Stiefeln bei ihm gemeldet, und er war sehr freundlich. Offensichtlich hat ihn diese Angelegenheit empört. Natürlich habe ich ihm nichts von Constanze gesagt, die der Moltzahn nachts immer besuchen will und mit der Udo etwas hat. Aber die Rache beim Spind-Appell und die Verwüstungen in unserer Stube, dann die Haarschneiderei gegen unseren Hinweis auf das Jugendschutzgesetz habe ich zur Sprache gebracht. Vorsichtig ließ ich einfließen, daß wir unsere Eltern informierten, die sich dann an die Reichsjugendführung in Berlin wenden würden. Oberleutnant Küttner ist im Zivilberuf Lehrer, vielleicht versteht er uns besser als diese primitiven Typen vom Lande! Erst einmal gab er uns für heute nachmittag allen einen Sonderausgang, gewissermaßen als Entschädigung. »Und die Herren Unteroffiziere werden euch niemals mehr die Haare schneiden, sagen Sie das allen Luftwaffenhelfern, darauf mein Wort!« In unseren Quartieren herrschte ein Jubelschrei, auf der Schreibstube sah ich am Blick des Obergefreiten Jänicke (genannt »die dumme Pflaume!«), daß der Chef unmittelbar nach meiner Meldung bei ihm angerufen hatte. Scheißfreundlich, dieser Dämlack, und Ausgang bis 22 Uhr, das hatte es noch niemals gegeben. Innerhalb einer Stunde war ein Batterie-Appell, der sich gewaschen hatte. Moltzahn, Bruns und Hager wurden vom Batteriechef vor der ganzen Batterie »zusammengemischt«: »drei Tage verschärften Arrest!« Natürlich waren wir froh, auch ich bin ziemlich stolz. Schließlich war es meine Idee, mich beim Oberleutnant Küttner zu melden. Allerdings, die drei Unteroffiziere werden mich wohl besonders ins Herz geschlossen haben. Nicht schlecht war auch, daß der Chef gerade bei dieser Gelegenheit den neuen Spieß vorstellte: Hauptwachtmeister Möbius, dick, gemütlich wirkend und ein alter Knopp, von dem zwei Söhne an der Ostfront stehen. Mit Sicherheit wird der aber, nachdem er das alles gehört hat, spüren, daß wir uns nicht länger zur Sau machen lassen!

Flakturm Friedrichshain, den 2. Oktober 1944

Noch immer ist schönes Herbstwetter, mittags ist die Sonne sommerlich warm. Eine angenehme Überraschung. Wir haben einen neuen Kameraden auf der Bude, den Luftwaffenhelfer Max-Dieter Gruban. Ein Riese, fast zwei Köpfe größer als wir anderen, breitschultrig und auch ein Jahr älter. Warum ist er nicht Soldat geworden? Langsam kommt Licht in diese dunkle Sache. Abends gab er einen aus, wir tranken Moselwein und rauchten Friedenszigaretten ohne jeden Gewissensbiß. Denn Max-Dieter spendierte alles aus »eigenen Beständen«. Schließlich ist sein Vater ein »Millionär«. Er besitzt drei große Weingüter an Mosel und Rhein und die vielen bekannten Weinstuben von Gruban und Souchay in Berlin. Dieter gibt ganz offen zu, daß der Vater als alter Parteigenosse und Lieferant von Alkoholitäten an das Führerhauptquartier beste Verbindungen hat. Durch Reichsmarschall Görings Vermittlung gelang es seinem alten Herrn, die Einberufung des Sohnes zu »verschieben« und jetzt die Sache mit einer Luftwaffenhelfertätigkeit zu »deichseln«. Nicht nur ich finde diese krumme Tour unangenehm, alle Kameraden blickten den Hünen anfänglich feindlich an. Aber – leider – auch wir sind bestechlich: als er die Weinflaschen öffnete und die Friedenszigaretten auf den Tisch knallte, lockerte sich unsere Zurückhaltung. Übrigens ist er persönlich ein netter Kerl, ich glaube auch nicht, daß er auf die Dauer in unserer Bude eine Extrastellung beansprucht. Mit ziemlich schweren Köpfen gingen wir nach dem heimlichen Besäufnis in die Klappe. Gott sei Dank kamen die Engländer heute nicht!

Berlin, Grimmstraße 17, den 8. Oktober 1944

Im ganzen Reichsgebiet findet heute der »Wehrertüchtigungstag der Hitler-Jugend« statt. Der Stellvertreter des Reichsjugendführers Hauptbannführer Zander spricht im Europahaus in der Saarlandstraße, wir sind von der Batterie abkommandiert. Uns wird eine besondere Ehre zuteil. Der Reichsjugendführer übermittelte Adolf Hitler, daß sich der Jahrgang 1928 zu siebzig Prozent kriegsfreiwillig gemeldet hat. Des Führers Antworttelegramm an die Hitlerjungen dieses Jahrganges, zu dem auch ich gehöre, macht uns allen wieder Mut. »Mit Stolz und Freude habe ich eure Meldungen als Kriegsfreiwillige des

Jahrganges 1928 entgegengenommen. Vorbildlich haben eure Kriegsfreiwilligen in den Divisionen ›Hitler-Jugend‹, ›Großdeutschland‹, in den Volksgrenadierdivisionen und als Einzelkämpfer in allen Wehrmachtsteilen ihre Treue, ihre Härte und ihren unerschütterlichen Siegeswillen durch die Tat bewiesen. Wir kennen die erbarmungslosen Vernichtungspläne unserer Feinde. Ihr als junge nationalsozialistische Kämpfer müßt unser ganzes Volk an Standfestigkeit, zäher Beharrlichkeit und unbeugsamer Härte noch übertreffen. Adolf Hitler.«
Nach dem Fahnenappell sehen wir das Theaterstück »Kadetten«, das die kämpferische Haltung junger Offiziersanwärter Friedrichs des Großen im Siebenjährigen Krieg zum Thema hat. Dann sollten wir an der Wehrertüchtigung teilnehmen, die auf allen Kasernenhöfen und Sportplätzen für die Hitlerjugend veranstaltet wird. Aber nachdem ich auf dem Urbansportplatz in meinem Heimatbezirk zusah, wie die letzten Zivilisten meines Jahrganges geschliffen wurden, konnte ich nur lachen. Das alles habe ich viel intensiver im Friedrichshain erlebt. Ich bummelte nach Hause. Meine Mutter und Guntram freuten sich über den unerwarteten Besuch. Wir hatten einen alarmlosen Abend miteinander, und es fiel mir schwer, gegen 20 Uhr Abschied zu nehmen.

Flakturm Friedrichshain, den 16. Oktober 1944

Hauptwachtmeister Möbius hat neulich unserer Stube 21 einen überraschenden Besuch abgestattet. Diesmal brüllte er uns nicht an, sondern gab väterliche Ratschläge. »Legt doch mal eine Tischdecke auf die kahle Platte und dazu ein aufgeschlagenes Buch auf den Tisch, das sieht doch gleich viel gemütlicher aus!« Tatsächlich hatte er recht. Dann stellte er uns noch Farben und Pinsel zur Verfügung, und wir verwandelten die trüben grauen Bunkerfarben der Wände in helles Weiß. Fred schleppte noch ein Koffergrammophon von zu Hause heran, nun hören wir oft alte Platten und freuen uns auf den Frieden, der ja irgendwann einmal kommen muß. »Wenn die Lichter wieder scheinen und wir wieder unsern kleinen Abendbummel durch die hellen Straßen machen, werden wir lachen, werden wir singen...«, heißt so ein Schlager, der wirklich unsere Empfindungen ausdrückt. Abendbummel durch helle Straßen, das ist im Grunde genommen für uns kaum vorstellbar. Denn viele Berliner Straßen sind zertrümmert. Manchmal hat jeder von uns jedoch Schwächestunden, da haben wir den Krieg so richtig satt. Gerhard, ein Kamerad, der sehr gut Klavier spielt, fragte mich neulich, als der Walzer »Münchner Geschichten« aus dem Radio tönte: »Kannst du dir das vorstellen, eines Tages ist Frieden, die Sonne scheint. Keine Bombenangriffe und Flakgeschieße. Auf dem Kurfürstendamm stehen vor den Cafés die Gartentische. Eine kleine Band spielt, und ich dirigiere diesen Walzer...« Er sah verträumt aus. Wir schüttelten diese irren Gedanken dann schnell ab, denn in diesem Moment wurde der Walzer schrill übertönt von der Alarmklingel: Feindbomber waren im Anflug. Wie gerne würde ich morgen am Kurfürstendamm im Frieden mit jemandem spazierengehen, nämlich mit einer jungen Frau, die ich gestern kennenlernte. Sie sitzt neuerdings als Sekretärin in der Schreibstube, und wir hatten ein zufälliges, eigentlich nicht erlaubtes Gespräch, während der »Schreibstubenbulle« Jänicke telefonierte. Bei ihm hatte ich die Ausgangskarte eingereicht, die vom Spieß gegengezeichnet werden muß. Und da redete sie mich unerwartet an: »Wir haben ja einen ganz ähnlich klingenden Namen, wo stammen Sie her?« Ich benahm mich blöd und war etwas verwirrt. Sie heißt Inge Dombrowski und ist die Frau eines Offiziers, der mit dem Batteriechef befreundet war, bevor er an die Italienfront geschickt wurde. »Wollen wir nicht einmal zusammen Kaffee trinken gehen?« fragte sie mich. Ich glaube, ich Idiot bin knallrot geworden. Aber das hat mich auch noch niemand in meinem Leben gefragt. »Wann haben Sie denn Ausgang, morgen vielleicht?« Dann lud sie mich ins Café am Königstor ein, unten, am Parkausgang nur fünfhundert Meter vom Turm entfernt. Sie war aufgestanden und an die Barriere getreten, während Jänicke, »die dumme Pflaume«, wütend einen Befehl am Telefon entgegennahm. Warum war ich so unbeholfen? Diese Frau ist ja kein junges Mädchen, sondern sicher etwa vierundzwanzig Jahre alt. Sie ließ sich auf keine Diskussion ein. »Also morgen, 17 Uhr, in dem Café«, sagte sie leise, während sie sich zu Jänicke umdrehte und ich die Hacken zusammenknallte. Mein Gott, freue ich mich auf morgen!

Flakturm Friedrichshain, den 20. Oktober 1944

Draußen, vor unseren Fenstern ist es jetzt herbstlich, es fällt ein feiner Nieselregen. Die Blätter, deren Baumkronen unter unseren Fenstern liegen, fallen herunter, sie sind von der langen

Glut dieses Sommers schon lange bräunlich. Mir gefällt der Regen, er paßt zu meiner Stimmung. Ich grüble über meine Gefühle nach und kann mir nicht ganz klar werden. Natürlich hängt das mit der Begegnung von vorgestern mit Inge Dombrowski zusammen. Was für eine wunderbare Frau! Wie kommt sie dazu, mit mir in dieses Café zu gehen? Ich sehe ja hier im Turm nur noch Uniformträger, selbst die paar Frauen, die als Stabshelferinnen Dienst tun, tragen ähnliche blaugraue Uniformen wie alle Luftwaffenangehörigen. Und nun diese elegante Frau, die mich einlädt. Ich habe mich unbeholfen benommen und bin wütend über mich. Dabei ist ja im Grunde genommen überhaupt nichts geschehen. Wir haben eineinhalb Stunden einen dünnen Kaffee getrunken und an einem Stück harten Kriegskuchen (auf Reichskuchenkarte) geknabbert. Aber Frau Dombrowski saß da wie in einem der Filme, die ich eigentlich nicht mag. Dunkles Haar, ziemlich lang, ein schmales Gesicht mit sehr offenen grauen Augen. Wie der Mund aussieht, kann ich nicht beschreiben, weil ich mich nicht getraute, sie noch genauer anzusehen. Ich glaube fast, ich habe meistens auf den Kuchenteller geblickt, richtig wie ein dummer Junge, der noch nicht einmal sechzehn Jahre alt ist. Dabei machte sie mir Mut! »Wissen Sie, man kann sich in diesem Flakturm kaum mit jemandem privat unterhalten. Ohne Hintergedanken ist nur Oberleutnant Küttner, der aber außerhalb des Dienstes niemals ansprechbar ist. Und diese Unteroffiziere sind ziemlich primitive Kerle, zumindest habe ich sie so kennengelernt...« Ich habe wenig dazu gesagt, außer daß unter den Soldaten einige sind, die ich als gute ältere Kameraden kennenlernte. »Ja, sicher«, meinte sie, »doch die sind ja so ungeheuer alt. Worüber soll ich mich mit denen unterhalten?« Sie hat recht, die meisten Flaksoldaten stehen im Alter zwischen vierzig und fünfzig Jahren, und was die Unteroffiziere angeht, da kann ich mir gut vorstellen, an was die denken, wenn sie Frau Dombrowski ansprechen. Als wir nach zwei Tassen Kaffee und dem Gebäck dann das kleine Café verließen, war es für mich ohnehin zu spät, um noch nach Hause zu fahren. Sie fragte mich, ob wir ein bißchen spazierengehen wollten, und so wanderten wir durch die Anlage des Märchenbrunnens, obwohl es schon dämmrig und auch kühl war... Plötzlich bekam ich einen richtigen Schreck, sie hakte sich einfach bei mir ein. Wir sprachen wenig. Das Herbstlaub raschelte auf den Wegen. Ich weiß nicht, wie lange wir durch die Dämmerung gingen, jedenfalls kamen wir am östlichen Ende des Friedrichshaines am kleinen Teich unweit des Leitturmes, in dem sie ihr Zimmer hat, heraus. Noch vor dem Eingang des Turmes sagte sie: »Nicht wahr, unser Ausflug bleibt unter uns, Sie sprechen mit den anderen nicht darüber!« Als ob sie mir das hätte sagen müssen! Ihre letzten Worte machten mich besonders froh. Sie schlug vor, daß ich sie am kommenden Montag gegen 12.15 Uhr anrufen sollte. »Um diese Zeit ist die Schreibstube nämlich leer, da ißt der Hauptwachtmeister mit dem Gefreiten Jänicke in der Kantine. Und wenn Sie Lust haben, dann gehen wir mal ins Kino. Am Alexanderplatz spielen sie den Robert-Schumann-Film ›Träumerei‹.«

Flakturm Friedrichshain, den 27. Oktober 1944

Wir haben zusammen den Film »Träumerei« gesehen. Es war sehr schön und dennoch traurig. Mathias Wieman spielt den Komponisten, Hilde Krahl seine Frau Clara, die ja selbst eine große Künstlerin war. Robert Schumann darf die junge Clara Wieck anfangs nicht heiraten, denn der alte Wieck verbietet die Ehe. Friedrich Kayßler spielt diesen Mann voller Liebe zu seiner Tochter und die Ablehnung des um sie werbenden Schumann so hart, daß man den Schauspieler vergißt und meint, so »lebensecht« könnte nur das Leben sein. Furchtbar finde ich am Ende des Films, daß Schumann wahnsinnig wird. Es bleibt ihm nur die Liebe von Clara, die als Pianistin in aller Welt konzertiert und die Kunst ihres Mannes weitergibt. Berührt hat mich auch, daß der junge Brahms offenbar die ältere Frau liebt. Ich saß neben einer reifen Frau im Kino und spürte zeitweilig ihren Atem. Ohne daß wir das beabsichtigten, berührten sich unsere Hände einmal. Gut, daß es dunkel war, ich bin wohl rot geworden und habe mich dabei ertappt, daß ich den Atem anhielt. Ob das nun Liebe ist? Habe ich nicht noch im Juli geglaubt, Marussja in Potsdam zu »lieben«? Wenn man doch mit jemandem darüber sprechen dürfte? Aber das ist nicht möglich. Meine Mutter ist auch schon mißtrauisch, weil ich zweimal am Ausgangstag nicht in die Grimmstraße heimkam. Als wir das Ufa-Kino am Alexanderplatz verließen, war nicht mehr viel Zeit, um noch irgendwo eine Tasse Kaffee zu trinken. Wir beschlossen, nicht mit der Straßenbahn zum Königstor zu fahren, sondern gingen durch dunkle Straßen zu Fuß. Wieder hakte sie sich bei mir ein, ich kam mir unerhört erwachsen dabei vor, lächerlich! Als wir am Märchenbrunnen vorübergingen und den Parkweg einschlugen, sagte sie plötzlich: »Wollen wir nicht ›du‹ zueinander sagen?« Und nach einer Pause, mir hatte es die Sprache verschlagen, »Sie – du – bist mir wie mein Bruder, der ist im vorigen Jahr, gerade zwanzig Jahre alt, bei Kursk gefallen. Und denke einmal, ich wäre deine ältere Schwester, ich bin dreiundzwanzig Jahre alt, du könntest doch eine Schwester haben, die ein paar Jahre älter ist?« Mir kam das »Inge« anfänglich nicht aus dem Mund, aber sie nannte mich »Dieter« und drückte dabei meinen linken Arm ein bißchen. Auf unserer Bude hänseln sie mich nun als »Träumer«. Ich war so dumm, den Robert-Schumann-Film zu erwähnen, und zwar gegenüber Gerhard, der selbst Komponist und Dirigent werden will. Aber das mit meinen geheimen Treffs mit Inge bekam niemand mit. Es klappt gut mit dem Telefonieren, denn in jeder Ecke des Turmes stehen Haustelefone, von denen aus ich sie mittags unbeobachtet anrufen kann.

Flakturm Friedrichshain, den 1. November 1944

Heute, an meinem sechzehnten Geburtstag, war für die Luftwaffenhelfer im Horst-Wessel–Krankenhaus eine Gasraumprobe angesetzt. Der Spieß sprach zuvor davon, daß die geniale Strategie des Führers sicher auch einen Gaskrieg eingeplant hätte. Leider waren die Gasmaskenfilter nicht in Ordnung. Von dreißig Kameraden wurden siebzehn ohnmächtig. Der Spieß tobte, in seiner Wut verbot er uns den heute fälligen Abendausgang. Warum, ist mir schleierhaft. So kann ich meinen Geburtstag nicht zu Hause feiern, Mutter wird mit dem Kartoffelkuchen umsonst auf mich warten!

Flakturm Friedrichshain, den 9. November 1944

Vor wenigen Tagen hat der Führer in einem Aufruf die Gründung des deutschen Volkssturmes bekanntgegeben. In ihm sollen alle noch nicht in der Wehrmacht kämpfenden Männer vom sechzehnten bis zum sechzigsten Lebensjahr bewaffnet werden, um den Heimatboden zu verteidigen. Ich ertappe mich dabei, daß ich durch meine Begegnungen mit Inge manchmal den Krieg fast vergaß. Daß die Ostfront zur Ruhe kam und auch die westlichen Feinde an den Reichsgrenzen zwischen Aachen und Saarbrücken anscheinend ihren Vormarsch durch den

Westwall hindurch nicht weiterführen konnten, hat mich vor Wochen erfreut. Aber die Gefahren sind doch noch nicht gebannt. Allerdings haben auch die Bombenangriffe auf Berlin wieder einmal etwas nachgelassen, zumindest was größere Aktionen angeht. Wolfram, dessen Vater als Staatsfeind verhaftet ist und der sich immer pessimistisch äußert, meinte, daß die Alliierten jetzt im Westen täglich mit großer Überlegenheit die Städte und Industrieanlagen bombardierten, doch zu uns würden sie auch wieder kommen, wenn die Herbstnebel vergehen. Aber ich muß es wenigstens einmal vor mir selbst gestehen, hat man denn nicht das Recht, auf Erfreuliches zu hoffen und auch einmal alles Bedrückende zu vergessen?

Flakturm Friedrichshain, den 14. November 1944

Mit Max-Dieter Gruban verbindet mich nun eine wirkliche Freundschaft. Er hat nichts für Schlager und Revuefilme übrig, genau wie ich. Er liest gerne und interessiert sich wie ich für Geschichte. Schließlich ist er Nationalsozialist, und das bin ich ja auch. Er hat eine große Achtung vor seinem Vater, den ich demnächst kennenlernen werde, denn er will mich mal beim Ausgang mit in die Wohnung seiner Familie nehmen. Die ist übrigens ganz in der Nähe, in der Frankfurter Allee, wo das Stammhaus der berühmten Weinfirma liegt. Was mir auffiel in unseren Gesprächen, ist seine Liebe zu seiner jüngeren Schwester. Sie haben beide keine Mutter mehr, eine Tante führt den Haushalt. Max-Dieter soll eines Tages die ganze Firma übernehmen, und in diesem Sinne wird er auch erzogen. Manche unserer Luftwaffenhelfer können ihn nicht leiden, empfinden ihn als arrogant und sind immer noch böse, daß er nicht Soldat wurde, sondern durch Luftwaffengenerale den bequemen Posten in der Heimat erhielt. Das finde ich auch nicht gut. Aber Dieter bemüht sich durchaus, ein Kamerad zu sein. Und wenn ich ihn so negativ fände, dann dürfte ich auch keinen Wein oder Sekt und schon gar nicht die guten türkischen Zigaretten von ihm nehmen. Aber wie dem auch sei, die Liebe zu seiner Schwester, über die er nur zu mir sprach, hat mir imponiert. So habe ich ihm auch meine Zuneigung zu Inge gebeichtet, die ich als eine Art Schwesternliebe darstellte. Er gab mir sein Ehrenwort, zu niemandem darüber zu sprechen. Da er sowieso mit keinem unserer Kameraden so einen engen Kontakt hat wie zu mir, habe ich keine Bedenken. Er ist innerlich viel reifer als die

Typen wie Fred oder Karl-Heinz. Und Udo oder Fritz haben nur ihre komischen Mädchengeschichten mit den Stabshelferinnen Constanze und Hanna im Kopf, aus denen doch nichts wird, weil Mollekopp und Hager mit ihren pommerschen Speckseiten winken. Wenn unsere Bude vom Grammophon oder der Radiomusik dröhnt, dann marschiere ich mit Max-Dieter stundenlang auf der Plattform des Turmes in Wind und Nieselregen umher, das ist mir schon zur Gewohnheit geworden. Er erzählt von seiner Kindheit in der Rheinpfalz auf einem der väterlichen Güter oder von der großen Villa in Caputh bei Potsdam. Natürlich hat er eine andere Jugend gehabt als ich. Der Sohn dieser Millionärsfamilie ist schon viel gereist, jeder Wunsch wurde ihm erfüllt. Nun macht er sich Sorgen um die Zukunft. Manchmal ist er so deprimiert, daß ich ihn trösten muß. Vermutlich spricht sein Vater mit ihm viel über die Lage des Reiches, als Lieferant des Führerhauptquartiers kommt er natürlich mit einflußreichen Offizieren und Generalen zusammen.

Flakturm Friedrichshain, den 20. November 1944

Endlich einmal etwas ganz Tolles: wir hatten eine Theateraufführung im Kantinensaal. Die bekannten Berliner Schauspieler Ingeborg von Kusserow und Rudolf Platte spielten die Benatzky-Komödie »Bezauberndes Fräulein«. Einfache Kulissen, eine kleine Musikgruppe und zwei Stunden fröhliche Unterhaltung, die viele von uns auch laut lachen ließ. Dabei ist die Geschichte von einem Diplomaten, der gegen allerhand Widerstände doch noch das von ihm geliebte Mädchen bekommt, eigentlich recht oberflächlich. Aber die richtige Unterhaltung für einen grauen Novembertag, die man dann »Wehrbetreuung« nennt. Inge Dombrowski war auch da, diesmal in Begleitung des Batteriechefs und der beiden Leutnants, die nicht einen Augenblick von ihrer Seite wichen. Sie warf mir einmal einen freundlichen Blick zu, ich war ärgerlich oder auch eifersüchtig auf die Leutnants, obwohl das unsinnig ist, denn Inge konnte sich ja ihre Begleitung nicht aussuchen. Um mich zu trösten, ließ ich mir von der Hauptdarstellerin, die wenigstens Ingeborg hieß, ein Autogramm geben. Sie wirkte sehr fröhlich und lachte wie ein junges Mädchen. Aber wenn man sie aus der Nähe sah, konnte man gut erkennen, daß sie wohl viel Schminke aufgelegt hatte.

Flakturm Friedrichshain, den 1. Dezember 1944

Ich bin ungeheuer glücklich! Mit Inge war ich heute im abendlichen Friedrichshain auf dem kleinen Teich beim Schlittschuhlaufen zusammen. In den letzten Tagen hatten wir Frost, und als ich sie gestern mittags anrief, lud sie mich für sieben Uhr abends zum Spaziergang im Park ein. Eine Stunde abends, da braucht man keinen Extra-Ausgang, man tut einfach so, als müsse man zum Leutnant vom Dienst im Leitturm. Die Luft unten war klar, Schnee war gefallen und leuchtete hell auf unserem Weg. Die Stadt war still. Und sie sah wunderschön aus, in einem Winterkostüm, das ich noch nie an ihr gesehen hatte. Als wir am Rande des Teiches einmal prüften, ob die Eisdecke trägt, schlug Inge vor, am nächsten Abend dort Schlittschuh zu laufen. Ich rief heute früh Guntram an und bat ihn, mir meine Schlittschuhe in den Turm zu bringen. Nachmittags zeigte ich ihm nun auch einmal die Stube 21 und schenkte ihm zwei Mark. Und am Abend, wieder gegen 19 Uhr, traf ich mich mit Inge unten am Teich. Seltsam, daß noch niemand auf diese Idee kam, doch ich wäre auch von allein nicht darauf gekommen. In leichten Flocken fiel Neuschnee, dabei war es windstill und nicht sehr kalt. Ich hatte mir den Spaß gemacht, meine Drillichgarnitur anzuziehen, die relativ weiß wirkte. Am Tage ziehen wir sie nur für Waffen- und Munitionstransporte oder zum Reinigen an. Meine Garnitur war frisch gewaschen, und Inge, die wieder in dem hellen Winterkostüm gekommen war, lachte über den Einfall. Sie läuft viel besser als ich, wahrscheinlich ist sie eine gute Sportlerin. Am schönsten war natürlich, daß wir auch zusammenliefen. »Eigentlich ist das die Zeit, wo du in die Tanzstunde gehen müßtest...«, sagte sie zu mir, als wir Hand in Hand übers Eis liefen. Als ich sie zum Turmeingang brachte, gab sie mir einen schnellen Kuß auf die Stirn. Ich habe stundenlang wachgelegen und wäre gerne ganz allein gewesen!

Flakturm Humboldthain, den 16. Dezember 1944

Eine wichtige Nachricht: Unsere Armee greift im Westen an! Als der Wehrmachtsbericht die Offensive heute meldete, waren wir gerade alle auf unserer Stube. Wir brüllten wie wahnsinnig vor Freude – Großangriff gegen die Amerikaner im Westen auf mehreren hundert Kilometern Breite! Also hat der Führer uns nicht belogen, das Reich ist ungebrochen, und wir haben noch Siegeschancen. Es kann ein Zufall gewesen sein, daß wir gerade heute zum Flakturm Humboldthain mußten. Der Kommandeur der Flakabteilung 123, Oberstleutnant Hoffmann, hatte alle Luftwaffenhelfer der drei Batterien Zoo, Friedrichshain und Humboldthain zu sich befohlen, weil ein Offizier der Waffen-SS einen Vortrag hielt. »Die Waffen-SS entscheidet als beste Truppe der Deutschen Wehrmacht den Krieg!« meinte der Ritterkreuzträger, ein Standartenführer der Division »Das Reich«. Er sprach packend, schilderte uns, daß die SS immer als Eliteverband da eingesetzt wird, wo die Front sich in der Krise befände. Am Schluß forderte er uns zur Freiwilligenmeldung auf. Alle Kameraden hatten sich schon für andere Waffengattungen eingetragen. Und nun kam das Komische: »Kameraden, wer zur SS geht, ist von seinen früheren Verpflichtungen zu den anderen Waffengattungen befreit!« Zögernd meldeten sich daraufhin zwei Kameraden. Dem Kommandeur unserer Flakabteilung war das sichtlich unangenehm.

Flakturm Friedrichshain, den 21. Dezember 1944

Gestern war im Kantinensaal die Weihnachtsfeier unserer Batterie. Es war große Klasse, wir werden bestimmt noch lange daran denken. Zum erstenmal in meinem Leben habe ich getanzt! Ich fasse es kaum: Inge hat mich zum Tanzen aufgefordert, Inge, die zwischen dem Batteriechef und Leutnant Brandel saß, der sicher gerne seine »Abschußkartei« bereichert hätte! Die Sensation war, daß Max-Dieters Vater die ganze Batterie »einlud« zu Wein, Bier und anderen alkoholischen Getränken. Natürlich achtete der Batteriechef darauf, daß wir nicht allzuviel bekamen, er zitierte nun auch schmunzelnd das Jugendschutzgesetz! Aber Dieter hatte für unsere Stube eine ganze Kiste mit guten Sachen »abgezweigt«, die konsumierten wir heimlich. Zuvor gab es ausreichend gutes Mittagessen, abends dann Weihnachtsgebäck und eine Menge Süßigkeiten, eine Luftwaffenhelferkapelle spielte zum Tanz. Angesichts der Erfolge der neuen Westoffensive war unsere Stimmung gut. Dieters Vater, ein ernster großer Mann, der nicht viel Worte von sich gab, erntete viel Dank. Nur zum Ausklang war dem Oberleutnant Küttner unsere Musik nicht mehr »deutsch genug«, Fritze Plaschnick und Gerhard Honig hatten längst Peter Kreuder und Franz Grothe gegen amerikanische Melodien vertauscht. Aber da schritt der deutsche Studienrat energisch ein. Wir haben dann auf unserer Bude noch bis in die frühen Morgenstunden gefeiert. Ich hielt mich zurück, denn das habe ich längst mitbekommen, zuviel Alkohol geht mir auf den Magen. Übrigens kein Alkohol hätte mich glücklicher machen können als dieses Zusammensein mit Inge. Ich glaube schon, daß ich sie liebe! Was sollte das sonst für ein Gefühl sein?

Berlin, Grimmstraße 17, den 25. Dezember 1944

Ich habe drei Tage Urlaub bekommen, die Batterie ist von Luftwaffenhelfern leer. Aber an den Fronten herrscht zur Zeit Ruhe. Gestern waren wir wie immer am Heiligabend in der Christmette in unserer alten Jesuskirche in der Wassertorstraße. Noch zwei Stunden vorher war ich in der Batterie und bekam vom Spieß zwei Extra-Bunteteller für meine Mutter und den Bruder. Das fand ich sehr anständig von dem »Moppelkäs«, wie wir den dicken Möbius nennen. Er stellte mich seiner Frau vor, mit der er in seiner Dienstwohnung im Turm Weihnachten feiert, und sprach besorgt von seinen Söhnen an der Ostfront. Und plötzlich stand ich dann in der blaugrauen Uniform vor dem Altar in der überfüllten Jesuskirche und hörte wie einst in der so fernen Kindheit die alte Geschichte: »Es begab sich aber zu der Zeit, daß ein Gebot von dem Kaiser Augustus ausging, daß alle Welt geschätzet würde ...« In der Grimmstraße saßen wir vor dem kleinen Weihnachtsbaum, der sogar ein paar Kerzen trug, und blickten in den hellen Schein. Draußen lag eine Schneedecke im Grimmpark, dann und wann fuhr die Straßenbahnlinie »3« quietschend um die Kurve in die Körtestraße. Aus dem Radio erklangen Weihnachtslieder. Ich war in Gedanken woanders, meine Mutter blickte mich manchmal erstaunt an. Doch sagen konnte ich ihr nichts.

Flakturm Friedrichshain, den 2. Januar 1945

Das neue Jahr hat verhältnismäßig still begonnen. Oberleutnant Küttner hat für die ganze Batterie eine Radioübertragung des Neujahrs-Tagesbefehls unseres Führers angesetzt. Im »Völkischen Beobachter« habe ich den Text noch einmal gelesen und will mir die wichtigsten Worte notieren, weil das neue Jahr für den Krieg entscheidend ist. »Der Kampf um Sein oder

Nichtsein hat den Höhepunkt überschritten... Wer solche Siege errungen hat wie ihr, meine deutschen Soldaten, wer durch so furchtbare Rückschläge nie gebrochen wurde, wer so heldenhaft duldet und leidet wie unsere Heimat, wer so fleißig arbeitet wie unser ganzes Volk, der ist nicht dem Untergang geweiht, sondern zum Leben bestimmt! Deshalb ist auch meine Zuversicht heute stärker als je zuvor. Wir haben das schlimmste Jahr unserer Rückschläge, in dem wir von allen unseren Verbündeten in Europa so gut wie verlassen worden sind, am Ende trotzdem erfolgreich überstanden. Das Jahr 1945 wird von uns das Äußerste an Mut und Tatkraft fordern, allein es wird auch zugleich das Jahr einer geschichtlichen Wende sein. Der Allmächtige, der unser Volk in seinem bisherigen Lebenskampf geleitet und nach Verdienst gewogen, belohnt oder verurteilt hat, soll dieses Mal eine Generation vorfinden, die seines Segens würdig ist.«

Die Offensive im Westen, die wir so begeistert begrüßten, ist anscheinend von den Amerikanern aufgehalten worden. Ja, als ich Fred dabei erwischte, wie er heute früh einen Feindsender hörte – er meinte, der Jazzmusik wegen –, habe ich in den Nachrichten mitbekommen, daß diese Ardennen-Offensive wegen Benzinmangels unserer Panzer steckengeblieben sein soll. Es soll sich nach diesem Hetz-Sender um die letzten deutschen Reserven gehandelt haben. Ich hoffe, daß der sogenannte »Soldatensender West« unrecht hat. Eine Zahl, die diese Radiostation nannte, beeindruckte mich aber doch! Danach haben im vergangenen Jahr fünf Länder dem Deutschen Reich den Krieg erklärt: Liberia (keine Ahnung, wo das liegt!), dann noch Rumänien, Bulgarien, Ungarn und Finnland, die mit uns viele Jahre verbündet waren. Und in diesen Ländern sind doch deutsche Soldaten gefallen in der gemeinsamen Verteidigung. Wie soll man das verstehen? Wir befinden uns also mit achtundvierzig Staaten im Kriege, prahlte der Feindsender. Kann man da noch auf den Endsieg hoffen?

Flakturm Friedrichshain, den 16. Januar 1945

Ich habe einen schrecklichen Traum gehabt. Letzte Nacht haben wir nach einem englischen Störangriff, der bis in die Morgenstunden einen langen Alarm auslöste, mit Grubans Wein unsere Verzweiflung betäubt. Ich wachte auf und wußte eine Minute nicht, wo ich bin. Im Traum saß ich auf Trümmern am Brandenburger Tor. Dort waren alle Häuser zerstört, und russische Panzer fuhren in endloser Kolonne die Straße Unter den Linden entlang, ich war schon kriegsgefangen, ein Russe bewachte mich. Ist man wach, erscheint solch Traum irrsinnig, doch ich hatte ihn nicht ohne Grund! Denn seit drei Tagen gibt es eine bolschewistische Großoffensive, und einer von uns, Manfred, heult nachts in seinem Bett, weil er sich um seine Familie große Sorgen macht. Er stammt aus Königsberg, auf das die Russen in Anmarsch sind. Aber auch tief in Schlesien wird bereits gekämpft, und Krakau ist von einer Heeresgruppe bedroht. In Ungarn verteidigen unsere Truppen die Gegend um die Hauptstadt Budapest. Wie soll das weitergehen? Wir stehen nachts, wenn die amerikanischen und englischen Bomber Berlin »besuchen«, an den Geschützen. Was nutzt das schon, wenn die Flak und die Nachtjäger zehn und zwanzig von diesen Terrorbombern abschießen? Die kommen mit dreihundert neuen Flugzeugen, mit fünfhundert oder auch mit tausend.

Flakturm Friedrichshain, den 30. Januar 1945

Heute ist der zwölfte Jahrestag der Machtergreifung Hitlers. Jede Nacht ein oder sogar zwei englische Bomberangriffe. Am Tage verzweifelte Nachrichten im Wehrmachtsbericht. Dazu die Augenzeugenberichte der Flüchtlinge, die jetzt zu Hunderten in den Flakturm kommen, da ist diese heutige Rundfunkansprache des Führers sehr angebracht. Aber ob sie noch etwas nützt? Früher erlebten wir große Aufmärsche an diesem Tag, jetzt hört man nur die Stimme Adolf Hitlers dumpf und hastig zugleich, anscheinend hat man die Ansprache im Bunker des Führerhauptquartiers aufgenommen. Einige drohende Sätze, die mir zu denken geben, habe ich notiert: »Wer ehrenhaft kämpft, kann damit das Leben für sich und seine Lieben retten, wer der Nation aber feige oder charakterlos in den Rücken fällt, wird unter allen Umständen eines schimpflichen Todes sterben. Ich wiederhole meine Prophezeiung: England wird nicht nur nicht in der Lage sein, den Bolschewismus zu bezähmen, sondern seine eigene Entwicklung wird zwangsläufig mehr und mehr im Sinne dieser auflösenden Krankheit verlaufen. All die kleinen europäischen Nationen, die im Vertrauen auf alliierte Zusicherungen kapitulieren, gehen ihrer völligen Ausrottung entgegen. Ob sie dieses Schicksal etwas früher oder später trifft, ist – gemessen an seiner Unabwendbarkeit – völlig belanglos.«

Wenn ich das richtig verstehe, dann verkündet der Führer hier bereits den Sieg des Bolschewismus. Das kann doch aber für uns kein Trost sein! Denn wenn England das erleben sollte, ist Deutschland zuvor wohl schon vernichtet. Und so sieht es gegenwärtig auch aus. Seine Schlußworte brachte der Führer so schnell sprechend heraus, daß man sie kaum verstand, ich las sie nochmals in der Zeitung nach. Aber sie tönten schrecklich und eigentlich kaum noch hoffnungsfroh. »Ich erwarte von jedem Deutschen, daß er deshalb seine Pflicht bis zum Äußersten erfüllt, daß er jedes Opfer, das von ihm gefordert wird und werden muß, auf sich nimmt. Ich erwarte von jedem Gesunden, daß er sich mit Leib und Leben einsetzt im Kampf, ich erwarte von jedem Kranken und Gebrechlichen oder sonst Unentbehrlichen, daß er bis zum Aufgebot seiner letzten Kraft arbeitet, ich erwarte von den Bewohnern der Städte, daß sie die Waffen schmieden für diesen Kampf. Ich erwarte vom Bauern, daß er unter höchstmöglicher eigener Einschränkung das Brot gibt für die Soldaten und Arbeiter dieses Kampfes. Ich erwarte von allen Frauen und Mädchen, daß sie diesen Kampf so wie bisher mit äußerstem Fanatismus unterstützen. Ich wende mich mit besonderem Vertrauen dabei an die deutsche Jugend. Indem wir eine so verschworene Gemeinschaft bilden, können wir mit Recht vor den Allmächtigen treten und ihn um seine Gnade und um seinen Segen bitten!« Davon hat Hitler schon seit Jahren gesprochen, es scheint aber, daß der Allmächtige unsere Waffen und Soldaten nicht segnen will. Denn die Russen haben in nur vierzehn Tagen von der Weichsel aus bereits die Oder bei Küstrin erreicht. In Ostpreußen sind Memel und Königsberg belagert, in Westpreußen die alte Festung des deutschen Ritterordens an der Nogat, die Marienburg, umkämpft, im Süden ist Oberschlesien, unser wichtiges Industriegebiet, bereits von den Bolschewisten erobert. Die Front hat teilweise kaum noch Zusammenhänge. Keiner erklärt uns, wieso das möglich war, denn seit dem Sommer war doch an der Ostfront ziemliche Ruhe. Und die Bevölkerung mußte seit Juli einen Ostwall schippen, den neue Volksgrenadierdivisionen und der Volkssturm verteidigen sollten. Max-Dieter und ich sprachen in den letzten Tagen mit Bauernfrauen aus Schlesien und Pommern, denen man als »erste Hilfe« gestattet, in den Gängen des Flakturmes auf Strohsäcken zu schlafen. Sie sind total verzweifelt, erzählen grauenvolle Dinge vom Flüchtlingstreck über das Eis und die frostklirrenden Äcker. Keine Parteidienststelle hatte sie gewarnt, erst als die Russen vor den Orten waren, wurde die überstürzte Flucht befohlen! Und dann jagten russische Panzer in die Fliehenden, schossen auf Frauen und Kinder. Soldaten waren nicht bei den Trecks. Alle großen Berliner Bahnhöfe, der Schlesische, Friedrichstraße, der Stettiner, der Görlitzer und Anhalter, sind von Flüchtlingszügen verstopft, und so soll es in allen Städten westlich der Oder sein. Einer unserer Lehrer, Herr Ode, ein alter Nationalsozialist, lehnte es ab, noch Unterricht zu erteilen. Er war zugegen, als wir mit den Flüchtlingen redeten, und sagte einfach mit tonloser Stimme: »Das ist der Zusammenbruch!«

Flakturm Friedrichshain, den 1. Februar 1945

Unerträglich werden uns die Nächte, in denen die feindlichen Flieger zweimal kommen. Oft sind es jetzt die englischen Schnellbomber vom Typ »Moskito«, die so hoch fliegen, daß wir sie kaum noch erreichen, das heißt in über zehntausend Metern Höhe. Da nutzt dann auch nichts, wenn der Befehl durch die Kopfhörer kommt: »Barrikadenfeuer marsch!« Häufig werden auch unsere Funkmeßgeräte »Würzburg-Riese« oder »Mannheim-Zwerg« – so lauten die militärischen Tarnnamen für diese elektronischen Ortungsmesser – durch das vorherige Abwerfen von Stanniolstreifen unwirksam gemacht. »Düppelstörung«, brüllt der Chef dann in sein Kehlkopfmikrofon. Die Meßstaffel, die jetzt unfähig wird, echte Werte zu errechnen, fällt aus. Der Batteriechef kommandiert: »Direkter Beschuß nach optischer Feindansprache!« Die Kanoniere am Geschütz »Cäsar« vom K1 bis zum K9 hören auf den Geschützführer, der die Feuerbefehle über seinen Kopfhörer aus der »B 1«, dem Befehlsstand des Batteriechefs, erhält. Vorher klingelt die Feuerglocke und gibt dem K3, dem Ladekanonier, das Signal zum Laden. Wir stehen voller Erwartung (und ich muß es zugeben, auch mit Angst) um das Zwillingsgeschütz herum. Kommt das Kommando »Gruppenfeuer-Gruppe!«, donnern die acht schweren Rohre so laut, daß man minutenlang taub ist. Der Flakturm scheint zu zittern, obwohl er ja aus Eisenbeton ist. Noch unten, wo die sich vor den Bomben retten wollenden Zivilisten im ersten, zweiten, dritten und vierten Stock zusammengekauert sitzen, zuckt man bei jeder Salve zusammen. Wenn die uns hier oben unter freiem Himmel auf der Turmplattform sehen könnten! K 1 und K 2 sind die Höhen- und Seitenrichtkanoniere, der K6 bedient die Zünderstellmaschine. Die »Proleten« in der Batterie sind die Munitionskanoniere K4, K5, K7, K8 und K9, die schwerste Arbeit leisten. Schließlich wiegt jede Granate mit Kartusche etwa vierzig Pfund. Erhalten wir das Kommando »Gefechtsbereitschaft«, klappt alles wie am Schnürchen, weil wir in den ersten Wochen unseres Luftwaffenhelferlebens die Waffentechnik bis in den Schlaf hinein lernen mußten. Ich vermute, selbst wenn ich einmal ohnmächtig werden sollte, bete ich das Sprüchlein noch wie einen Rosenkranz herunter: »Der K2 stellt laufend mit Hilfe der Seitenrichtmaschine die vom Kommandohilfsgerät durchgegebenen Seitenrichtwerte am Seitenteilkreis ein und beobachtet den Umdrehungsanzeiger!« Allerdings, in solchen Nächten wie der letzten vergißt man Müdigkeit und Winterkälte. Vierzig Salven hatten die acht Rohre geschossen, das Gruppenfeuer wurde auf Befehl abgebrochen. Deutsche Jäger, die wir schon lange vermissen, greifen nun an. Plötzlich heißt es im Kopfhörer: »Batterie schaltet auf Division. Achtung, Kameraden – Reichsmarschall Göring ist auf dem Divisionsgefechtsstand. Er spricht zur Flakdivision!« Es wird ganz still. Wir sind voller Erwartung, denn das hatte es noch nicht gegeben. In den Kopfhörern meldet sich eine harte Stimme: »Reichsmarschall an alle: Heute, Soldaten, Offiziere und Luftwaffenhelfer meiner Flak, ist auch für euch ein besonderer Tag. Erstmals setzt meine Luftwaffe einen neuen Jägertyp ein, das schnellste Flugzeug der Welt, die Me 163, mit der wir die alliierten Bomber vom Himmel verjagen werden – es hagelt bereits Abschüsse ... Heil dem Führer!« Wieder Schweigen. Dann ein irrsinniges Jubeln. Am nächsten Tag hören wir, daß der Reichsmarschall die Wahrheit sagte. Die Engländer haben einen Schrecken verpaßt bekommen. Aber ob das die amerikanischen »Fliegenden Festungen« auch abhalten wird, größere Luftangriffe zu fliegen? Die sind ja viel schwerer bewaffnet als die »Moskitos«.

Berlin, Grimmstraße 17, den 3. Februar 1945

Entsetzliches ist geschehen. Heute früh, bei strahlendem Sonnenschein und klarblauem Winterhimmel, während ich zu einer zahnärztlichen Behandlung im Flakturm Zoo war, griffen tausend amerikanische Bomber die Stadtmitte von Berlin an. Dabei ist die Reichshauptstadt von Flüchtlingen aus dem Osten überfüllt, die keine feste Unterkunft haben. Gerüchte werden

seit Tagen überall verbreitet, daß die Russen die Oder bereits überschritten haben. Auf unserem Flakturm geschah eine Katastrophe. Eine Bombe der »Fliegenden Festungen« fiel in die Munitionskammer des Geschützes »Cäsar«. Alle dort lagernden vierhundert Schuß Munition explodierten. Von meinen Klassenkameraden ist keiner mehr am Leben, außer Fred, der lag mit einer Rippenfellentzündung im ersten Stock des Turmes, im Lazarett. Die neun Luftwaffenhelfer sind für Deutschland und den Führer gefallen. Allerdings hat man von ihnen nichts mehr gefunden, außer Metallteilen von Stahlhelmen, Uhren und Koppelschlössern. Das Geschütz »Cäsar« fällt nun aus, aber wir sollen schon in den nächsten Tagen ein neues bekommen, der Waffen- und Gerätenachschub klappt noch.
Um vom Flakturm Zoo in den Friedrichshain zu kommen, habe ich sechs Stunden gebraucht. In der Innenstadt wüten überall Brände, Sprengbomben haben ganze Straßenzüge niedergelegt. Vom Moritzplatz über die Prinzenstraße bis zum Halleschen Tor findet man Haufen verbrannter Menschenleiber, die in der Glut zusammengeschrumpft sind auf die Größe von Kinderkörpern. Diese Restmenschen werden mit Petroleum übergossen und verbrannt, weil sie Seuchengefahr verbreiten. Ein schrecklicher süßlicher Geruch des verbrannten Fleisches liegt über den Ruinenvierteln. Ich lief durch die Trümmer, weil unsere Mutter im Reichspatentamt Gitschinerstraße arbeitet und unweit davon die Jesuskirche liegt, von der nichts mehr zu sehen war. Mutti war acht Stunden verschüttet, ob Pastor Wollenberg und seine Familie aus dem Feuersturm herauskamen, ist noch sehr ungewiß. Dort – zwischen Wilhelmplatz und Jannowitzbrücke – sollen Zehntausende Menschen verbrannt sein... Von der Batterie erhielt ich zwei Tage Urlaub, weil das Geschütz nicht einsatzfähig ist.

Grimmstraße 17, den 5. Februar 1945

Pastor Wollenberg und seine Familie leben! Das erscheint fast wie ein Wunder, denn in diesem Viertel der Stadtmitte sind nahezu alle Menschen verbrannt. Zuerst warfen die Amerikaner Sprengbomben, dann Phosphorbomben, und als alles in hellen Flammen stand, nochmals Sprengbomben. Der Pastor riß seine Familie im Luftschutzkeller förmlich von den Bänken: »Wenn wir jetzt nicht ausbrechen, überleben wir die Gluthitze des Brandes nicht...«, rief er und bewahrte mit diesem Wort seine Lieben vor einem schrecklichen Tode. Wir trafen ihn gestern, als wir den Gottesdienst in der Stadtmissionskirche am Kottbusser Damm besuchten. Dort wird die Jesuskirche vorerst ihre Gottesdienste abhalten. Seine Haare sind während der drei Stunden des Bombenangriffs schlohweiß geworden. Was mich verwundert, ist der plötzliche Wechsel seiner politischen Gesinnung. Eigentlich hielt ich ihn für einen treuen Anhänger des Führers, für den er mit uns im Konfirmandenunterricht genauso betete wie für den Sieg unserer Deutschen Wehrmacht. Aber in einer Nacht, nachdem er nun total ausgebombt wurde, änderte er seine Überzeugung: »Soweit hätte Hitler es nicht kommen lassen dürfen!« Wie viele Hunderttausende haben seit fünf Jahren ihre Häuser, ihr Hab und Gut in diesem Kriege und sogar ihre Söhne und Männer verloren? Das hatte ihn bisher wohl wenig beeindruckt...

Flakturm Friedrichshain, den 14. Februar 1945

Eine Geheimmeldung unseres Flak-Divisionsgefechtsstandes, die mir Inge Dombrowski heute mitteilte, besagt, daß in der vergangenen Nacht mehr als hunderttausend Menschen in Dresden verbrannten. USA-Bomber haben die herrliche Elbstadt, die bisher noch keinen Luftangriff erlebte, vernichtet! Inge sagte, daß solche systematischen Zerstörungen noch in keiner deutschen Stadt angerichtet wurden. Sie fand kürzlich überraschend einen Freund ihres Mannes, einen Oberleutnant Seidler, verwundet in unserem Flakturm-Lazarett liegend und kümmert sich um den. So hat sie für mich nicht mehr viel Zeit. Ohnehin sind unsere freien Stunden sehr beschränkt, denn laufend kommen Waffen- und Munitionstransporte, bei denen die Luftwaffenhelfer eingesetzt werden. Es wird immer bedrohlicher, auch im Westen haben Engländer und Amerikaner mit einer Großoffensive begonnen und sich nun dem Rhein genähert. In Schlesien, Pommern und Ostpreußen kämpfen nur noch einzelne Festungen wie Breslau, Kolberg, Posen und Königsberg. Aber an der Oder hat sich die Front etwas stabilisiert. Dieser Fluß liegt auch nur noch etwa siebzig Kilometer von Berlin entfernt. Wenn ich abends mit Max-Dieter den Rundgang auf der Plattform des Flakturmes unternehme, was täglich geschieht, sehen wir bei klarem Wetter das Mündungsfeuer russischer Artillerie an der Oderfront. Weht der Ostwind, hören wir das Grollen der Salven. Wir sind beide ziemlich verzagt, manchmal nahezu hoffnungslos. Dieter trägt seit einigen Wochen eine Walther-Pistole bei sich, was er nur mir anvertraut hat. Das ist streng verboten! Er sagt mir ganz ruhig, daß er mit seinem Vater und seiner Schwester gemeinsam Selbstmord begehen will, wenn die Bolschewisten etwa bis nach Berlin kämen. Ich kann mir das allerdings nicht vorstellen. Denn dann hätten uns ja der Führer und seine Regierung seit Jahren belogen. Er muß doch die Reserven kennen und die Stärke der seit Jahren für den großen Endschlag produzierten Wunderwaffen ...

Flakturm Friedrichshain, den 18. Februar 1945

Liegnitz, Glogau, Graudenz, Schneidemühl, Posen sind verloren. Die Lebensmittelrationen sind stark gekürzt worden, man wird nicht mehr satt. Heute stand ich drei Stunden Wache im Leitturm vor den Funkmeßgeräten, wegen der vielen Flüchtlinge ist diese Maßnahme vom Batteriechef angeordnet worden. Durch die verschlossene Tür des Zimmers von Leutnant Brandel klang laute Tanzmusik. Drinnen hörte man es kichern, schließlich kam der Leutnant mit einer Stabshelferin heraus, beide betrunken. Ich finde das für einen Offizier unwürdig. Jeder von uns will sich auch mal entspannen, doch muß das immer mit Alkohol sein, so daß die Flüchtlinge schon anfangen, uns Soldaten und die Offiziere zu verachten? Wir wissen, daß keine Stabshelferin, die ein bißchen gut aussieht, von unserem Leutnant ausgelassen wurde. Eine schöne Sauerei!

Flakturm Friedrichshain, den 26. Februar 1945

Die Amerikaner stehen vor Köln, südlich davon ist die Saar überschritten. Im Osten hält die Front vor Berlin an der Oder, Küstrin ist umkämpft. Aber an der Neiße sind Guben und Forst schon durch die Russen besetzt. Mit Inge hatte ich heute ein längeres Gespräch in der Schreibstube, weil sie dort ganz allein Dienst tat. Sie sorgt sich um ihren Mann, von dem sie nur weiß, daß er vor fünf Wochen an der Italienfront eine leichte Verwundung bekam. Wie gerne würde ich mit ihr irgendwo außerhalb der Batterie sprechen. Doch sie sagt, daß sie jetzt häufig Bereitschaftsdienst habe und deswegen kaum noch aus dem Flakturm herauskomme. Am Alexanderplatz, wo wir vor langer

Zeit den Film »Träumerei« sahen, läuft jetzt ein großer neuer Farbfilm »Kolberg«. Aber den will sie nicht sehen: »Da wird mir zuviel geschossen ...«, sagte sie und versuchte ein Lächeln.

Flakturm Friedrichshain, den 5. März 1945

Die Lage ist unverändert ernst, im Westen gehen die Amerikaner und Engländer weiter vor, an der Ostfront gibt es wechselhafte Kämpfe. Unser Batteriechef verkündete einen neuen Führerbefehl, wonach jeder Soldat oder Luftwaffenhelfer, der sechs feindliche Panzer abschießt, das Ritterkreuz erhält. Jetzt wird auch immer mehr von der Verteidigung der Reichshauptstadt gesprochen. Also muß man wohl mit einem russischen Durchbruch rechnen!

Flakturm Friedrichshain, den 12. März 1945

Im Wehrmachtsbericht wird jetzt öfter die Stadt Küstrin erwähnt, bei der es den Sowjets gelang, einen Brückenkopf am westlichen Oderufer zu bilden. Auch Frankfurt mit wichtigen Stromübergängen ist bereits Frontstadt. Mir fiel bei der neuen Wochenschau, die den Führer bei einem Armeebesuch an der Ostfront zeigt, auf, daß er krank und alt aussieht, das Stehen und Laufen scheint ihm schwerzufallen, sein einer Arm hängt herab. Wie kommt es, daß ich bei diesen Bildern an den »Alten Fritz« dachte, der als zahnloser Greis, von Gicht gekrümmt, aus dem Siebenjährigen Krieg nach Berlin heimkehrte? Friedrich der Große war als Kronprinz in Küstrin wegen eines Fluchtversuches eingekerkert. Sein Vater, der Soldatenkönig, zwang ihn, der Hinrichtung seines Freundes, des Leutnants von Katte, zuzuschauen. Als kleiner Junge sah ich das in einem Film. Viele Jahre später, als er schon lange Preußen regierte, erlitt er 1759 bei Kunersdorf in der Nähe von Frankfurt die schwerste Niederlage des Krieges gegen die vereinigten Russen und Österreicher. Er wollte sich sogar das Leben nehmen, denn nach dieser Schlacht hatte er keine Armee mehr. Auch eine andere Szene bleibt mir unvergessen, ich sah sie vor drei Jahren im historischen Spielfilm »Der große König«. Wie Friedrich im brennenden Kunersdorf bei der Müllerstochter Zuflucht sucht und sie nicht findet, weil sie ihn, den König, verflucht...
Immer wieder hört man im Radio oder kann es in der Zeitung

lesen, daß Deutschlands heutige Lage derjenigen des damaligen Preußens ähnlich sei. Ich habe bereits als neunjähriger Schuljunge meinen ersten Film »Fridericus« über diesen König gesehen. Später besuchte ich das Kino, um den »Choral von Leuthen« nachzuerleben, und schließlich gingen wir in einer Hitlerjugend-Filmfeierstunde 1942 in den Harlan-Film »Der große König«. Regisseur Veit Harlan, derselbe, der »Jud Süß« schuf und jetzt den »Kolberg«-Film, hatte im »Großen König« die Geschichte verfälscht, was mich auch heute noch empört. Denn der russische General Czernichef, der dem König den Tod der Zarin Elisabeth meldete, wurde nach Zar Peters Ermordung nicht verhaftet, sondern reich beschenkt. Er ermöglichte es ihm nämlich, trotz ihrer Überlegenheit die Feinde Preußens zu besiegen. Vielleicht wäre es ehrlicher zu sagen, er überlebte, indem er nicht besiegt wurde. So ähnlich kann man das in allen Lebensbeschreibungen des Königs nachlesen, die älter sind als die Artikel von Dr. Goebbels. »Wir müssen jetzt so denken und handeln wie Friedrich der Große«, schrieb der Propagandaminister kürzlich in der Wochenzeitschrift »Das Reich«. Aber welche »Zarin« könnte heute wohl sterben? Und welcher Nachfolger würde wohl mit unserem Führer einen Sonderfrieden schließen? Das wäre zu schön, um wahr zu sein!

Flakturm Friedrichshain, den 16. März 1945

Leider gibt es nichts Neues einzutragen, das man als »gut« bezeichnen könnte. Die Russen, soviel steht jetzt fest, wollen eindeutig unser ganzes Volk ausrotten, und der amerikanische Minister Morgenthau hat die gleichen Absichten. Er will aus Deutschland einen Kartoffelacker machen. Wir sahen heute Wochenschaubilder von grauenhaften Ereignissen. In Ostpreußen haben unsere Soldaten einige Dörfer und kleinere Städte zurückerobert. Da lagen deutsche Frauen zu Hunderten ermordet, nachdem sie vorher vergewaltigt worden waren, Kinder mit zertrümmerten Schädeln und erschossene uralte Frauen und Greise. Der Generalstabschef Guderian bestätigte auf einer Pressekonferenz in Berlin diese Ausrottungsmaßnahmen. Die Rote Armee ist zum Mord an uns Deutschen von ihrer Führung direkt aufgefordert worden, besonders von einem Propagandisten namens Ilja Ehrenburg. Also darf man den Kampf niemals aufgeben, meinte der Batteriechef, am Ende unseres heldenhaften Kampfes stünde der Sieg! Doch ist die Verzweiflung so groß, daß immer mehr Menschen von ihrem freiwilligen Tod reden für den Fall, daß die Russen Berlin besetzen. Zu meinem Schreck sprach heute Inge Dombrowski mit mir darüber. Ich sah sie in den letzten Tagen mehrfach mit diesem Oberleutnant Seidler, dem Kameraden ihres Mannes, der verwundet in unserem Lazarett lag und jetzt eine Aufgabe in der Meßstaffel der Batterie übernimmt. Er trägt den rechten Arm noch in einem Gipsverband. Sein Gesicht erscheint mir kalt, er ist mir nicht sympathisch. Inge suchte den Hauptwachtmeister in der Kantine und fand ihn nicht. Ich kam zum Essenholen in den Raum. Auf solche Zufälle bin ich jetzt angewiesen, wenn ich sie sehen oder sprechen will. Sie ist sehr blaß und sieht unausgeschlafen aus. Ihre Nerven versagen, meinte sie. Während ihr die Tränen kamen, flüsterte sie mir zu: »Wenn die Russen Berlin besetzen, will mich Oberleutnant Seidler erschießen, ich bat ihn darum!« Vor Entsetzen konnte ich überhaupt nichts mehr sagen. Glaubt denn keiner mehr an die Rettung Deutschlands?

Flakturm Friedrichshain, den 20. März 1945

Wir stehen vor der höchsten Bewährungsprobe der deutschen Geschichte, sagte uns heute früh beim nationalpolitischen Unterricht der Batteriechef, Oberleutnant Küttner. Wir sollen uns mit heiligem Fanatismus in die Erde krallen. Anläßlich des Heldengedenktages für unsere gefallenen Soldaten sahen wir den großartigen neuen Film »Kolberg«, der uns die Verteidigung der preußischen Festung 1807 vor Augen führte. Auch dort brannte zuletzt die ganze Stadt, doch die Verteidiger unter Gneisenau hielten durch, Bürger und Soldaten trotzten der gewaltigen Übermacht Napoleons und kapitulierten nicht, bis der preußische König einen Waffenstillstand mit den Franzosen schloß. Der Film gefiel mir gut, doch nicht alle Kameraden waren überzeugt, daß unsere Situation ähnlich ist. Denn wir haben ja viel mehr Gegner: Amerikaner, Russen, Engländer und Franzosen kämpfen schon weit im deutschen Land. Rußland war 1807 immerhin Verbündeter Preußens. Der Batteriechef meinte, daß es nur noch wenige Tage dauern könnte, bis der Führer kriegsentscheidende Wunderwaffen einsetzt. Es wird aber auch höchste Zeit! Auch wenn mancher mich wegen meines Tagesbuches verspottet, will ich versuchen, es in den ereignisreichen Tagen und Wochen, die vor uns liegen, noch regelmäßiger als bisher zu führen. Ich muß zugeben, daß mir

manchmal die Lust vergeht, diese Aufzeichnungen zu machen. Doch wenn es stimmt, daß wir in einer historischen Zeit leben, lohnt sich die Mühe schon. Wir müssen täglich im Friedrichshain Gräben buddeln, am Landsberger Platz Panzersperren vorbereiten und uns im Panzerfaustschießen üben. Das ist ein trauriger Frühling.
Ich bin mit Fred, Karl-Heinz, Udo und Max-Dieter zusammen eingesetzt. Heute bauten wir eine Verteidigungslinie gleich hinter dem Märchenbrunnen auf. Komischerweise heißt die Straße da vorne »Friedenstraße«. Als ob wir Aussicht auf Frieden hätten. Die alten Frauen aus Pommern und der östlichen Mark Brandenburg, die vor den Russen geflohen sind, erzählen uns furchtbare Dinge aus ihren Dörfern. Max-Dieter Gruban meint, wenn die Russen uns besiegen, dann schleppen sie uns alle nach Sibirien in die Bergwerke, und sämtliche Frauen würden Kasernenhuren der Roten Armee. Wir fragen uns nachts, wenn wir die vielen amerikanischen Bomber hören, ob wir mit den Wunderwaffen noch siegen können. Viele Offiziere glauben offensichtlich auch nicht mehr an den Sieg. Sie sind fast jeden Abend betrunken und schließen sich mit den Nachrichtenhelferinnen der Batterie in ihre Zimmer ein. Im Offizierskasino gibt es jeden Tag Bratenfleisch und französische Weine, das sagte uns der alte Obergefreite Köbes, der dort Ordonnanz ist. Heute durften sich Karl-Heinz und ich heimlich ein Kochgeschirr voller Hühnerbrühe abholen, wir haben immer Hunger. Sechs Scheiben glitschigen Brotes am Tag, dazu den widerlich-süßen Kunsthonig und fischige Margarine. Mittags gibt es schmierige Pellkartoffeln und die »Reichseinheits-Soße«, nur einmal in der Woche ein kleines Stück Fleisch . . .

Flakturm Friedrichshain, den 26. März 1945

Ich habe den Krieg satt! Jede Nacht greifen englische Moskito-Schnellbomber Berlin an, manchmal erleben wir sogar zwei- oder auch dreimal nächtliche Alarme bis morgens um fünf Uhr. Wir sind immer müde und unausgeschlafen. Dazu kommen dann noch die Tagesangriffe amerikanischer Boeing-Bomber, die Tausende von Brand- und Sprengbomben abwerfen. Unsere Stadt sieht schrecklich aus, überall liegt Schutt. Auch in unserem Schießbereich (den wir schützen sollen), vom Königstor bis hin zum Alexanderplatz, brannten bereits viele Häuser; die Bartholomäuskirche ist schwer beschädigt. Was hat das

Kämpfen noch für einen Sinn, wenn alles vor die Hunde geht. Und die Wunderwaffen, von denen Reichspropagandaminister Dr. Goebbels, der Batteriechef Küttner und sogar der dumme Kammerbulle Wachtmeister Franke faseln – wo bleiben die? Franke, der Giftzwerg aus Neuruppin, verwaltet die Bücherei der Batterie. Als ich neulich den Stahlhelm umtauschte, redete er mir das »wichtigste« Buch des Nationalsozialismus auf, des Führers Werk »Mein Kampf«. Ich besitze das Buch zu Hause und habe schon früher einige Kapitel gelesen. Auch diesmal fand ich eigentümliche Sätze, die mich nachdenklich werden ließen. Es heißt dort: »Wir Nationalsozialisten müssen unverrückbar an unserem außenpolitischen Ziel festhalten, dem deutschen Volk den ihm gebührenden Grund und Boden auf dieser Erde zu sichern. Diese Aktion ist die einzige, die einen Bluteinsatz gerechtfertigt erscheinen läßt.« Manches ist mir zu hoch, was der Führer in seinem Buch schrieb, aber soviel begreife ich doch: »Bluteinsatz« – heißt das nicht Krieg? Also hat Adolf Hitler schon 1924, als er das Werk verfaßte, den Krieg gewollt. Wieso spricht er immer davon, daß uns die jüdischen Plutokraten und Bolschewisten angegriffen haben, wenn er das gleiche vorhatte? Ich frage mich erneut, haben unsere Eltern und Lehrer dieses Buch niemals gelesen?

Flakturm Friedrichshain, den 29. März 1945

Wir Luftwaffenhelfer haben jetzt täglich unter SA-Führern im Friedrichshain Panzerfaustübungsschießen und Gewehrausbildung. Viele alte Männer sind ebenfalls dabei; sie sind beim Volkssturm. Wir bauen Panzersperren an der Landsberger Allee und in der Kniprodestraße. Die Wehrmachtsberichte lassen mich erschrecken. Die Russen haben Küstrin eingenommen, sie stehen vor Frankfurt an der Oder, Schlesien, Pommern und Ostpreußen sind fast ganz in ihrer Hand. Im Westen stoßen die Amerikaner schon über Koblenz und Mainz hinaus, die Engländer erreichten den Teutoburger Wald. Die zertrümmerten Straßen Berlins sind voller Soldaten, von denen viele ihre Truppenteile verloren haben. Anscheinend soll nun die Kriegswende eintreten, oder will der Führer mit uns in Berlin heldenhaft untergehen?
Heute vormittag hatten wir einen Sondereinsatz im Flakturm. Die kostbaren großen Radioapparate, Teppiche, alte Porzellane und Möbel aus den Villen von Dr. Goebbels und anderen

Reichsministern wurden von SS-Kommandos in den Turm gebracht. Ich frage mich, wohnen die jetzt in Luftschutzbunkern? Die ganze Sache ist streng geheim, Unteroffizier Moltzahn, der unseren Einsatz leitete, befahl, daß die Zivilbevölkerung, die ja bei Tages- und Nachtangriffen der Amerikaner unseren Flakturm zu Zehntausenden aufsucht, nichts von dieser Bergungsaktion erfahren darf. Das kann ich gut verstehen, denn die Arbeiterfrauen vom Friedrichshain und Prenzlauer Berg hätten auch gerne ihren Volksempfänger, Omas Klavier und die Schlafzimmermöbel vor den Bomben und Granaten der Feinde gesichert. Ich hatte Grund zum Staunen: allein Dr. Goebbels, der ja nicht nur Minister, sondern auch Gauleiter der NSDAP von Berlin ist, hat sechs riesige Radioapparate aus der Villa auf der Insel Schwanenwerder und seinem Stadtpalais neben dem Brandenburger Tor hier bombensicher eingelagert. Noch niemals habe ich übrigens so große Radios gesehen. Ich finde es auch ungerecht, daß ein Mann an der Spitze der Regierung, der immerzu von der Volksgemeinschaft redet, sechs solcher Geräte hat. Wie viele Menschen haben überhaupt kein Radio oder verloren durch die Bomben ihre ganze Habe? Nach der Möbel-Aktion kamen noch die Lebensmittel an, unerhörte Mengen von Butter und Honig in Fässern, Mehl und Zucker in Säcken, Fisch- und Fleischkonserven. Das alles soll der Versorgung der Berliner dienen, wenn es zur Belagerung durch die Russen kommt ... Karl-Heinz und ich haben heimlich einen dicken Zuckersack an einer Ecke angeschnitten, mit dem Kochgeschirr trugen wir den Zucker auf unsere Stube, wo wir die Beute ehrlich teilten. Auch den russischen Kriegsgefangenen gaben wir von dem Zucker ab.

Flakturm Friedrichshain, den 2. April 1945

Es wird noch schlimmer: die Amerikaner stehen bereits bei Eisenach. Doch der Krieg wird sich hier, vor Berlin, entscheiden. Das sagte gestern auf einer Feier der Reichsorganisationsleiter der NSDAP, Dr. Robert Ley, der vor dem Flakturm eine Volkssturmeinheit von vielen alten Männern auf den Führer vereidigte. Es wäre schwer, die Genialität des Führers zu begreifen, wenn man nicht den Einblick in alle Vorgänge der Kriegführung hätte. Denn er locke ja die Feinde bewußt soweit in das Reichsgebiet, um sie mit grauenhaften Waffen hier besser vernichten zu können. »Das letzte Bataillon auf dem Schlachtfeld wird ein deutsches sein!« meinte der alte Parteigenosse. Allerdings schien er auch etwas zu reichlich Alkohol getrunken zu haben, denn er lallte manche Worte mehr, als daß er sie sprach. Komisch fand ich seinen Schlußsatz: »Ohne Gepäck marschiert es sich leichter!« Das sollte ein Trost für die Ausgebombten sein. Hunger scheint Dr. Ley auch nicht zu kennen, er ist fast so dick wie Reichsmarschall Hermann Göring, von dem allerdings der Batteriechef immer sagt, daß er so korpulent sei, weil ein Geschoß aus dem Ersten Weltkrieg im Körper unseres Oberbefehlshabers »wandere«... Mit der Rede von Dr. Ley bin ich nicht so ganz einverstanden. Denn das mit der Lockung des Führers, den Feind vor Berlin zu vernichten, würde ja bedeuten, daß wir vor vier Jahren nicht hätten bis nach Moskau und Stalingrad marschieren müssen. Schließlich sagte Hitler doch in jeder Rede, daß die Feinde ohnehin Deutschland seit Jahren mit Eroberung bedroht hätten. Vielleicht lügen die Parteifunktionäre auch? Dabei ist das jetzt ohnehin alles gleichgültig. Auf den Hochhäusern – soweit sie noch stehen – werden leichte Flakgeschütze in Stellung gebracht. Ein paar alte Panzer, für die es keinen Liter Benzin mehr gibt, und Geschütze mit wenig Munition werden an Plätze postiert. Abends, wenn ich auf der Plattform des Turmes meinen Rundgang mache, sehe ich in der Ferne das Mündungsfeuer der sowjetischen Geschütze an der Oder, das ist ja nicht mehr weit von uns entfernt...

Flakturm Friedrichshain, den 3. April 1945

Heute gab es Osterferien, der Schulunterricht, den uns einige Lehrer bisher im Turm erteilten, wurde auf unbestimmte Zeit unterbrochen. Studienrat Stielau, der seit ein paar Wochen Uniform trägt, sieht darin aus wie eine Witzfigur. Er soll sich um uns »pädagogisch« kümmern, man merkt jedoch, daß er froh ist, wenn wir ihn inmitten des Kommißbetriebes in Ruhe lassen und er sich zu seinen Büchern zurückziehen kann. In der letzten Schulstunde sprach er über die Schlacht im Teutoburger Wald, wo sich die Germanen auch einer Überlegenheit von Römern heldenhaft entgegenstemmten. Er rühmte Deutschlands Mission als Ordnungsmacht Europas und sprach davon, daß es ehrenvoll sei, für unser Vaterland das eigene Leben einzusetzen. Aus dem Lateinischen zitierte er dann das Wort »Süß und ehrenvoll ist es, für das Vaterland zu sterben...« Wir müßten

Helden wie Armin dem Cherusker, Friedrich dem Großen, Bismarck und Hindenburg nacheifern. Im stillen mußte ich dabei lachen, denn für Geschichte habe ich mich immer interessiert. So weiß ich, daß außer dem ungeklärten Tod von Armin alle anderen genannten »Helden« friedlich im Bett gestorben sind, als alte Männer! Und wir sollen so jung sterben, wozu ich mit meinen sechzehn Jahren keine Lust habe! Auch Fred, Udo und Karl-Heinz wollen nicht in der Schlacht um Berlin fallen. Udo sagte: »Wenn wir das überstanden haben, liegt ja das ganze Leben noch vor uns!«

Flakturm Friedrichshain, den 5. April 1945

Gestern nachmittag waren wir wieder mit Schanzarbeiten am Landsberger Platz eingesetzt. Wir füllten verbrannte Straßenbahnwagen, umgestürzte Litfaßsäulen und ausrangierte Möbelautos mit Schutt und Geröll von ausgebombten Häusern. Ich frage mich, ob das die russischen Panzer, die von der Wolga bis an die Oder kamen, aufhalten kann? Doch der Führer rechnet mit dem baldigen Kampf um Berlin, denn heute früh wurden an den Häusern des benachbarten Horst-Wessel-Krankenhauses im Friedrichshain die Zeichen des Roten Kreuzes auf weißem Grund angemalt. Das soll vor Artilleriebeschuß schützen. Auch das ist komisch, denn im nationalpolitischen Unterricht lehrte man uns, daß die Russen sowieso jeden Deutschen umbringen und die Genfer Konvention nicht anerkennen.
Mittags gab es noch ein besonderes Erlebnis. In der vergangenen Nacht schossen wir einen englischen Moskito-Bomber ab. Mindestens sechs englische Flieger sollen dabei umgekommen sein. Wir waren begeistert, weil der Abschuß vielleicht für uns »Eiserne Kreuze« zweiter Klasse bringt. Max-Dieter Gruban spendierte griechischen Süßwein und türkische Zigaretten, die er für besondere Gelegenheiten unter Verschluß hält. Solche Sachen kennt man sonst nur im Führerhauptquartier, das sein alter Herr als Lieferant immer noch mit der besten Friedensware bedient. Wir feierten ganz groß. Allerdings wurde uns danach ziemlich übel, wir hatten zuviel getrunken und gequalmt. Leider wurde aus den »Eisernen Kreuzen«, von denen Leutnant Brandel geredet hatte, nichts. Er teilte uns jetzt mit, daß die englische Moskito von einem deutschen Jäger abgeschossen wurde. Das war natürlich eine große Enttäuschung ...

Flakturm Friedrichshain, den 8. April 1945

Große Aufregung auf unserer Stube! Gestern bekam mein Kamerad Udo einen Brief der NSDAP-Ortsgruppe seines Wohnbezirkes in Pankow. Seine Mutter und die kleine Schwester Elke sind bei einem Bombenangriff im Berliner Norden verbrannt. Er hat jetzt niemanden mehr. Lange stierte er vor sich hin, keiner konnte mit ihm ins Gespräch kommen. Dann sprang er plötzlich auf einen Hocker, riß das große Führerbild von der Wand, schmiß es hin, spuckte drauf und trat mit den Schuhen auf Hitlers Kopf herum. Er war wie toll und schrie: »Das danken wir alles unserem geliebten Führer!« Wir konnten ihn nicht beruhigen. Als der Unteroffizier vom Dienst kam, schleppte er Udo ab und sperrte ihn ein. Man munkelt, daß er vor ein Kriegsgericht kommen kann... Mein Bruder Guntram rief heute in der Batterie-Schreibstube an. Unsere Mutter mußte nach der Verschüttung ins Krankenhaus und wurde operiert. Guntram ist nun ganz allein in der Wohnung, und da er Rüstungsarbeiter bei den Weser-Flugzeugwerken ist, werde ich den Antrag stellen, einen kurzen Urlaub zu bekommen. Denn Guntram ist erst vierzehn Jahre alt. Da er täglich acht Stunden Schichtdienst hat, wäre es gut, wenn ich ihn betreuen kann.

Berlin, Grimmstraße 17, den 13. April 1945

Mal eine wirkliche Freude: Oberleutnant Küttner hat mir den Heimaturlaub gewährt. Er sagt, er hätte Vertrauen zu mir. Wenn die Schlacht um Berlin beginnt, muß ich natürlich in die Batterie zurück. Das ist ja für mich selbstverständlich. So kann ich den Bruder betreuen und brauche einige Tage keinen Dienst am Geschütz zu tun. Die Tagebucheintragungen schreibe ich nun fast täglich. Im Rundfunk höre ich die Meldung, daß der amerikanische Präsident Roosevelt gestorben ist. Propagandaminister Goebbels erklärt, daß das die Kriegswende sei. Das wäre ja sehr schön, doch unsere Wohnung wird davon auch nicht heil. Sie sieht verheerend aus. Zum viertenmal verloren wir seit 1943 in der vergangenen Nacht alle Fensterscheiben. Glas gibt es nicht mehr, jetzt müssen wir die Fenster verpappen. Der Putz von den Zimmerdecken ist auch herunter, das nackte Stroh blickt auf uns herab. Guntram muß jeden Morgen um fünf Uhr aufstehen, weil nach Tempelhof keine Straßenbahn mehr fährt. Eine Stunde Fußmarsch, dann neun Stunden Arbeit als Bordelektriker für 0,63 Reichsmark Stundenlohn, weil er noch Jugendlicher ist. Ich fange an, an dieser »Volksgemeinschaft« zu zweifeln, denn diese Entlohnung ist doch sehr ungerecht. Guntram sagt, daß es ihm noch »goldig« geht. Die französischen und russischen Fremdarbeiter müssen 14 Stunden täglich arbeiten. Mein Bruder sieht sehr blaß aus, er findet alles sinnlos, denn für die Flugzeuge, die er am Tage mitproduziert, ist kein Tropfen Benzin mehr da. Und wenn die Engländer nachts Tempelhof bombardieren, dann gehen die meisten neuen Jäger ohnehin kaputt. Im Vorgarten vor unserem Haus blüht schon alles, es ist Frühling, auch wenn wir kaum darauf achten. Der Wehrmachtsbericht ist katastrophal: Die Amerikaner haben gestern Wittenberg, Stendal, Tangermünde und Magdeburg erreicht, vielleicht werden sie noch vor den Russen hier eintreffen. Man fragt sich, ob der Führer den Endsieg auf dem Kreuzberg oder in den Müggelbergen erringen will...

Grimmstraße 17, den 15. April 1945

Heute, am Sonntagnachmittag, kommen wir aus dem brennenden Potsdam zurück, wo wir, Guntram und ich, gestern den Untergang der alten Residenzstadt der Preußenkönige erlebten. Mittags fuhren wir mit einem völlig überfüllten S-Bahn-Zug vom Anhalter Bahnhof ab. Mit uns im Zug waren viele Flüchtlingsfrauen aus bereits von den Russen besetzten Gebieten im Osten Berlins, die ihre ganze Habe bei sich führten: einen prallen Rucksack. Sonst nichts. Das Grauen stand in den Gesichtern, Zorn und Verzweiflung erfüllte die Menschen. Noch niemals habe ich solch ein Schimpfen gehört! Die feigen Goldfasane sollen endlich Schluß machen mit dem Krieg: »Der ist ja seit langem verloren... Und wo ist denn der Führer mit den Wunderwaffen, das ist ja alles Schwindel!« Einige schrien, manche Frauen weinten, es wäre alles egal, nur noch Schluß mit dem Krieg, forderten sie, »und wenn wir jahrelang trockenes Brot essen müssen...« Da brüllte inmitten des Lärmens jemand mit überlauter Stimme: »Ruhe!« Wir entdeckten einen kleinen verdreckten Soldaten, an der Uniform beide Eisernen Kreuze und das Deutsche Kreuz in Gold. Am Ärmel trug er vier kleine Panzerwagen aus Metall, was bedeutet, daß er die vier Panzer als Einzelkämpfer abgeschossen hatte. »Ich will euch mal was sagen...«, schrie er, und im S-Bahn-Zugabteil trat

Ruhe ein. »Auch wenn es euch nicht passen sollte! Hört endlich auf zu jammern! Wir müssen diesen Krieg gewinnen, wir dürfen nicht schlappmachen. Denn wenn die anderen siegen und die Russen, Polen, Franzosen und Tschechen nur zu einem kleinen Prozent das mit unserem Volk machen, was wir sechs Jahre lang mit ihnen gemacht haben, dann lebt in wenigen Wochen kein einziger Deutscher mehr. Das laßt euch von einem gesagt sein, der sechs Jahre dabei war in den besetzten Ländern!« Es war ganz still geworden im Zug. Man hätte eine Stecknadel fallen hören können. Mir gaben diese Worte des abgekämpften Landsers sehr zu denken. Was haben eigentlich unsere Soldaten in den besetzten Ländern angerichtet? Das muß wohl schlimm sein. Aber auch die Vernichtung der Kirchen und Kulturdenkmäler von Potsdam begreife ich nicht. Wollen die Engländer und Amerikaner uns Deutsche damit gewinnen?

Grimmstraße 17, den 16. April 1945

Die Stadt summt wie ein Bienenschwarm. Jetzt geht es los! Heute nacht sollen die Russen an der Oder mit der Großoffensive begonnen haben. Sogar der Wehrmachtsbericht meldet, daß die Amerikaner die Elbe erreicht haben: Barby, Zerbst, Bernburg, Halle und Bitterfeld werden umkämpft. Doch in Berlin hören wir die russischen Kanonen. Die Panzersperren in der Reichshauptstadt werden besetzt. Lebensmittelrationen, die erst zu einem späteren Zeitraum verzehrt werden sollten, sind heute vorfristig aufgerufen worden. Vor den Geschäften stehen lange Menschenschlangen, viele haben Angst, daß es der letzte Einkauf ist ... Überall auf den Straßen begegnet man den Feldgendarmen, kräftige Soldaten mit Messingschildern auf der Brust, nach Flüchtigen und Deserteuren fahndend, die sofort abgeurteilt werden. Sogenannte »Fliegende Standgerichte« sind in jedem Stadtviertel. Wer nur Versprengter ist, also seinen Truppenteil verlor, wird in eine Alarmkompanie gesteckt und muß sofort an die Front. An den Hausecken ist ein Anschlag mit einem Aufruf des Führers an das Ostheer zu lesen. Darin heißt es: »Der Bolschewist wird diesmal das alte Schicksal Asiens erleben, er wird und muß vor der Hauptstadt des Deutschen Reiches verbluten. Wer euch Befehle zum Rückzug gibt, ohne daß ihr ihn genau kennt, ist sofort festzunehmen und nötigenfalls augenblicklich umzulegen, ganz gleich, welchen

Rang er besitzt. Berlin bleibt deutsch, Wien wird wieder deutsch, und Europa wird niemals russisch!« Ich bin erschüttert, denn wieder sagt er von den neuen Geheimwaffen kein Wort.

Grimmstraße 17, den 18. April 1945

Es sieht sehr mulmig aus. Die Russen sind an der Oder durchgebrochen. Ihre Panzer stehen schon bei Seelow und Wriezen. Jetzt müßte ich eigentlich in den Flakturm zurück. Doch wir sorgen uns um unsere Mutter, die aus dem Krankenhaus entlassen werden soll. Sie muß noch liegen; wer kann sich um sie kümmern, wenn ich in die Schlacht ziehe? Guntram und ich besuchten einen Freund am Herrmannplatz und sprachen mit Soldaten, die eine Panzersperre bewachten. Sie schimpften, denn für ihre alten italienischen Gewehre erhielten sie griechische Munition, die für diese Waffen nicht geeignet ist. Abends wollten wir Peter und Susi Münchow besuchen, die in Tempelhof wohnen. Doch die Familie hatte sich bereits nach dem Bodensee abgesetzt. Ich bin erstaunt darüber. Denn der Vater unserer Freunde war Bankdirektor, ein fanatischer Nationalsozialist und noch kein alter Mann. Wieso verteidigt er Berlin nicht auch, wie dies von Hitlerjungen und Volkssturm verlangt wird? In einer wirklichen Volksgemeinschaft müßte das selbstverständlich sein, finde ich ... Am Abend kam unsere Mutter aus dem Krankenhaus. Wir sind darüber froh, obwohl sie sehr schwach ist und wir kaum noch etwas zur Pflege für sie haben, selbst das Essen ist sehr knapp geworden.

Grimmstraße 17, den 19. April 1945

Obwohl die Russen schon über Fürstenwalde hinaus sind – das ist einer unserer Ausflugsorte in einer schöneren Zeit gewesen –, mußten wir abends vor englischen Bombenflugzeugen in den Luftschutzkeller. Hier wurde Onkel Fritz, der alter Parteigenosse ist und sich als Eisenbahner rechtzeitig aus Ostpreußen absetzte, ziemlich brutal: »Dieter, du mußt jetzt zurück in deine Batterie, das ist deine Pflicht!« Er ist ein kräftiger Mann, fünfundvierzig Jahre alt, und drückt sich seit Wochen hier im Hause herum. Aber mir droht er, falls ich jetzt nicht in den Flakturm gehe, soll ich von ihm bei der Partei gemeldet werden.

Und auch unsere Mutter ist ängstlich, denn immer öfter kommen SS-Streifen in die Luftschutzkeller und durchkämmen sie nach geflohenen Soldaten. Schließlich hat Reichsminister Goebbels, der ja als Gauleiter der Partei auch Reichsverteidigungskommissar von Berlin ist, einen Aufruf veröffentlicht, der auch an unserer Haustür klebt: »Auf Befehl des Führers haben sich alle Männer vom fünfzehnten bis zum siebzigsten Lebensjahr zur Entgegennahme von Waffen bei den zuständigen Einsatzstäben der NSDAP und der Wehrmacht zu stellen. Wer sich feige in den Luftschutzräumen verdrückt, ist vor ein Kriegsgericht zu stellen und wird mit dem Tode bestraft.«

Berlin, am Wilhelmplatz, den 20. April 1945

Ich habe mich den Drohungen von Onkel Fritz gefügt, zuletzt hatten die meisten Menschen im Luftschutzkeller mir geraten, zur Batterie in den Kampf zu gehen. Denn die Russen haben den Stadtrand erreicht. Sie sind schon in Frohnau und Hermsdorf, wo unser Großvater wohnt, von dem wir es telefonisch erfuhren, noch bevor der Wehrmachtsbericht das meldete. So versuchte ich vormittags die Flakbatterie zu erreichen, doch bereits am Kottbusser Tor ließen mich die SS-Truppen nicht mehr durch. Der Friedrichshain soll bereits unter schwerem sowjetischen Beschuß liegen. Befehlsgemäß meldete ich mich dann bei der NSDAP-Ortsgruppe Urban in der Körtestraße. Hier erlebte ich widerwärtige Dinge. Die meisten Parteigenossen saßen oder lagen auf dem Rinnstein; sie waren betrunken. Der Ortsgruppenleiter hatte alkoholische Beuteware verteilt. Er, selbst noch ein ganz junger Mann, stand dann käsebleich vor den alten Kämpfern des Führers, die sich kaum erheben konnten und teilweise bekotzte Uniformen hatten. »Kameraden, die Stunde der Bewährung hat geschlagen! Ihr werdet an der Reichskanzlei eingesetzt und unseren geliebten Führer retten. Während ihr dort eure Pflicht leistet, werde ich mich hier um eure Frauen und Kinder kümmern!« Sprach's, drehte sich nach dem »Sieg-Heil« auf dem Absatz um und verschwand in dem gegenüberliegenden großen Fichtebunker. Ich schämte mich, zu solcher unsoldatischen Einheit zu gehören. Aber wir setzten uns schließlich in Marsch, um über die Blücherstraße zum Halleschen Tor und dann in die Wilhelmstraße zu marschieren. Wenn diese müden Kerle Deutschland retten sollen, dann ist wohl alles verloren, dachte ich. Unterwegs in Richtung

Reichskanzlei fiel mir ein, daß Adolf Hitler ja heute seinen Geburtstag feiert. Wenn er seine braune Garde nur selbst sehen könnte, die Freude würde ihm vergehen... Ich habe mein kleines Tagebuch aus dem Brotbeutel geholt, sitze in der warmen Frühlingssonne auf einem umgestürzten Baumstamm und schreibe über das Erlebte. Aber ob das überhaupt später noch jemanden interessieren wird?

In der Dreifaltigkeitskirche am Wilhelmplatz,
den 20. April 1945

Ein erlebnisreicher Tag geht zu Ende. Mit der Ortsgruppe Urban der NSDAP vom Stadtbezirk Kreuzberg liege ich in einem kleinen Bunker des Propagandaministeriums, der in die Dreifaltigkeitskirche am Wilhelmplatz hineingebaut wurde, und erwarte den Einsatz. Ich fühle mich unter diesen alten Parteigenossen nicht wohl und finde es ekelhaft, daß viele von ihnen betrunken sind. Mir ist klar, wenn ich sie hier wie in einer Kneipe sitzen sehe und ihr Geprahle höre, daß sie Angst vor der Schlacht haben. Wir sind nicht allein in dem Bunker. Hier sind auch noch Beamte des Propagandaministeriums, die der Minister zum Volkssturm befohlen hat, da Zeitungen kaum noch erscheinen. Minister Goebbels ist nicht hier, er ist im Führerbunker, zweihundert Meter von hier entfernt, im Garten der Reichskanzlei. Während draußen, in den östlichen und nördlichen Straßen Berlins, der Kampf bereits entbrannt ist, hocken hier in den Resten einer alten Berliner Kirche, in der vor hundertfünfzig Jahren der Pastor Schleiermacher predigte, diese betrunkenen »Goldfasane« und trinken den französischen Rotwein, den der Propagandaminister vielleicht einst einfahren ließ, um damit auf den Endsieg anzustoßen! Plötzlich plärrt ein Radio Marschmusik, und dann hören wir die Goebbels-Rede zu Adolf Hitlers heutigem Geburtstag. Man könnte meinen, der Minister glaubt noch an den Sieg: »Wer anders könnte die Richtung aus der Weltkrise weisen als der Führer? Sein Werk ist ein Werk der Ordnung! Wenn also die Welt noch lebt, wem anders hat sie es zu verdanken als dem Führer. Er ist der Kern des Widerstandes gegen den Weltzerfall. Er ist Deutschlands tapferstes Herz und unseres Volkes glühendster Wille. Niemals wird die Geschichte über diese Zeit berichten können, daß ein Volk seinen Führer oder daß ein Führer sein Volk verließ. Das aber ist der Sieg!« Während der Badenweiler

Marsch ertönt, höre ich von draußen den entfernten Einschlag schwerer russischer Artillerie, auch ein »Geschenk« zum Führergeburtstag. Ich denke über diese Rede nach. Wenn Reichsminister Goebbels so optimistisch spricht, dann muß unser Reich doch noch Siegeschancen haben. Allerdings ist das ja noch nicht der Sieg, wenn der Führer sein Volk nicht verläßt. Genaugenommen, müßten wir wohl mehr Soldaten und bessere Waffen als unsere Feinde haben. Und was ich am allerwenigsten verstehe, der Führer hat doch schon vor Jahren behauptet, daß der jüdisch-bolschewistische Todfeind geschlagen am Boden liegt!

Dreifaltigkeitskirchen-Bunker am Wilhelmplatz,
den 21. April 1945

Es besteht kein Zweifel mehr, die Rote Armee beschießt von den Vororten Berlins aus das Stadtzentrum. Als mir die Luft in dem Bunker zu stickig wurde (die Mehrzahl der alten Parteigenossen der Ortsgruppe Urban schlief auf langen Holzbänken ihren Rausch aus), ging ich hinaus auf den Wilhelmplatz. Der sah schlimm aus! Wie oft habe ich als Berliner Junge hier früher gestanden und dem Führer zugejubelt. Oben auf dem bronzenen Denkmal vom »Alten Dessauer« zum Beispiel, über allen Köpfen von vielen tausenden Menschen sitzend, schrie ich als Zwölfjähriger nach dem Sieg über Frankreich: »Führer befiehl, wir folgen!« Oder: »Wir wollen unseren Führer sehen...« Damals läuteten die Glocken aller Kirchen tagelang, weil Frankreich kapituliert hatte. Und jetzt herrscht auf dem alten Platz eine Kraterlandschaft. Rechts, das schöne kleine Palais, in dem Dr. Goebbels als Propagandaminister des Reiches seinen Dienstsitz hatte, ist von Bomben zerschlagen. Auch das Hotel Kaiserhof ist ausgebrannt, und die Reichskanzlei, der ältere Bau mit dem Führerbalkon, ist ganz schön zerfranst... Überall sehe ich viele schwerbewaffnete SS-Soldaten, die das Führerhauptquartier bewachen. Eine lange Autokolonne vor den Ministerien in der Wilhelmstraße machte mich stutzig. Ich konnte sehen, daß die Wagen mit Möbeln und wertvollen Gütern der höchsten Männer des Dritten Reiches beladen wurden. Das Reichsluftfahrtministerium südlich des Wilhelmplatzes ist noch ganz unbeschädigt. Hier an der Ecke Wilhelmstraße – Leipziger Straße traf ich zu meiner Überraschung und Freude den jungen Leutnant Keller, der bis Februar als Fähnrich in unserem Flakturm Dienst tat. Er war kein Schinder, sondern immer kameradschaftlich zu uns Luftwaffenhelfern. Der erzählte mir, daß gestern noch eine große Geburtstagsfeier in der Reichskanzlei stattfand, an der Reichsmarschall Göring, Außenminister von Ribbentrop, Heinrich Himmler, Großadmiral Dönitz und Feldmarschall Keitel teilnahmen. Heute haben sie alle Berlin verlassen, um den Kampf um die Hauptstadt von außen zu leiten, während der Führer die Befehle zur Rettung des Reiches von hier aus erteilt. Der Leutnant sagt, daß die vielen Autos den fliehenden Ministern gehören. Der Reichsmarschall allein verfügt über ein Dutzend Wagen, die seine Kunstschätze und viele Kostbarkeiten nach Berchtesgaden bringen. Leutnant Keller ist darüber zornig, und auch ich finde empörend, daß unsere Führung derartig gemein handelt. Denn hier brauchten wir jedes Auto für die vielen Verwundeten oder Munitionstransporte. Überhaupt frage ich mich, warum türmen die ältesten Mitkämpfer des Führers, von denen es schon in unserer Schulzeit hieß, ihr Leitspruch wäre: »Unsere Ehre heißt Treue.« Warum sollen wir eigentlich noch kämpfen? Und wofür?

Panzersperre Unter den Linden, den 22. April 1945

In einem hölzernen Blockhaus, neben der Panzersperre an der Schloßbrücke, da wo die Straße Unter den Linden beginnt, mache ich eine Verschnaufpause und notiere die letzten Eindrücke... Es ist mir gelungen, den Dreifaltigkeitskirchen-Bunker zu verlassen. Ein alter Hauptmann hatte für meinen Wunsch Verständnis, nicht mit den betrunkenen Parteigenossen kämpfen zu müssen. Er gab mir einen Marschbefehl, ohne den kann man es nicht riskieren, quer durch die Stadt zu laufen. So bin ich auf dem Wege zu meiner Flakbatterie, da gehöre ich schließlich hin, wenn ich zu Hause nicht bleiben darf... Leutnant Keller, der in das Freiwilligenregiment Adolf Hitler eingereiht wurde, es untersteht dem SS-Brigadeführer Mohnke und schützt das Führerhauptquartier, riet mir dringend, mich zum Flakturm durchzuschlagen. Heute ganz früh zeigte er mir noch den Führerbunker von außen. Eine unerhörte Anlage, eine Festung mitten im Garten der Reichskanzlei. Hier, in zehn Meter Tiefe, kann der Führer vom Kampflärm nichts hören und sehen. Auf seinen Räumen liegt noch ein Betonwürfel von acht Metern Höhe. Unten arbeitet der Stab des Hauptquartiers, alles soll luxuriös eingerichtet sein. Mehrere Leibärzte sorgen für die Gesundheit, und riesige Lebensmittelvorräte und Alkoholbestände ermöglichen ein sorgenloses Durchhalten bis zum Endsieg. Sogar des Führers Schäferhündin Blondi und ihre vier Jungen haben einen Bunker... Der Leutnant erfuhr das alles von einem Freund, dem Luftwaffenadjutanten des Führers. Ich soll das alles für mich behalten, diese Tatsachen sind streng geheim! Das verstehe ich gut. Denn wenn die Soldaten und Volkssturmmänner, die ihr Leben im Kampf einsetzen, erfahren, wie die Führung um ihr Leben besorgt ist, dann würden sie auch mehr ans Überleben denken!

Im Flakturm Friedrichshain, den 23. April 1945

Die Stadt ist graugrün von Schwefel, jetzt schießen die Stalinorgeln der russischen Artillerie unentwegt, auch Tiefflieger greifen in die Schlacht ein. Nur mit Mühe kam ich bis zum Friedrichshain, die meisten Panzersperren sind geschlossen, ohne Marschbefehl läßt einen niemand mehr durch. In der Memhardstraße sah ich die ersten Toten, eine alte Frau mit ihrem Enkelkind. Sie hatte vor einem Milchgeschäft nach Brot angestanden, als eine Granate einschlug. Kein Mensch kümmerte sich um die Verblutende, jeder denkt nur noch an sich selbst. Zehn Meter von den Toten entfernt schlugen sich andere Berliner, um von einem angeschossenen Pferd ein Stück Fleisch abzuschneiden. Das arme Tier zuckte noch.
Zu meinem Schreck hörte ich am Prenzlauer Tor die Einschläge der russischen Geschütze. Dort stand auch ein deutsches Sturmgeschütz, dessen Soldaten mir wütend erzählten, daß sie dort bleiben müßten, weil ihr Kettenfahrzeug kein Benzin mehr hat. Ich erinnerte mich an die vielen Autos der Goldfasane in der Wilhelmstraße.
Im Flakturm meldete ich mich bei Oberleutnant Küttner, dem Batteriechef, zurück. Auf unserer Stube traf ich nur noch wenige meiner alten Kameraden an, Fred hielt mich für einen Idioten, weil ich noch hierherkam: »Du hättest dich eben einfach in einem Trümmerhaus verstecken sollen, das geht doch rapide zu Ende!« Im Wehrmachtsbericht gibt es aber noch Erfolgsmeldungen: »Die Schlacht um die Reichshauptstadt ist in voller Heftigkeit entbrannt. Der verlorengegangene Bahnhof von Berlin-Köpenick wurde im Gegenstoß wieder genommen. Ein feindlicher Einbruch entlang der Prenzlauer Allee wurde abgeriegelt.« Unteroffizier Stielau, unser Studienrat in Uniform, der käsebleich neben mir stand, hat Armin den

Cherusker und Friedrich den Großen vergessen. Als wir zum Königstor in die Panzergräben abmarschierten, murmelte er: »Ave Imperator, morituri te salutant.«

Bereitschaftsstellung am Märchenbrunnen, den 24. April 1945

In der Nacht war es verteufelt kalt, während man es am Tag in dem neuen Fallschirmjäger-Kampfanzug vor Wärme kaum aushält. Wir Luftwaffenhelfer haben mit Hauptwachtmeister Möbius, unserem dicken Spieß, gestern die vorderste Linie unserer Panzerabwehrstellung in der Parkanlage Märchenbrunnen im Friedrichshain bezogen. Meine Panzerfaust zwischen Hänsel und Gretel und dem Froschkönig! Der runde Kopf des Spießes lugt zwischen den sieben Zwergen hervor, die Brunnen sind jedoch versiegt, keine Blume blüht in dem lehmigen Panzergraben, an dessen oberem Bord wir das Maschinengewehr in Stellung gebracht haben. Der Hauptwachtmeister, der gerne ißt und als Spieß auch noch keine Entbehrungen erlitt, hat viele Lebensmittel in die Stellung mitnehmen lassen, und da die Russen erst in Weißensee sind, konnte ich mich mit meinen Kameraden in aller Ruhe einmal richtig satt essen. Es gab sogar eine Stunde Pause im Artilleriebeschuß, nur von unserem Flakturm aus dröhnten die mächtigen 12,8-cm-Rohre dann und wann eine Salve: direkter Beschuß auf russische Panzeransammlungen in Weißensee . . . Abends brachte ein Melder aus der Greifswalder Straße den Befehl: »Höchste Alarmbereitschaft.« Aber nichts geschah, nachts stellten die Russen sogar das Schießen ein, erst morgens donnerten sie wieder aus allen Rohren schlagartig los. Von unseren eigenen Flugzeugen war nichts zu sehen, von den Wunderwaffen nichts zu hören und zu spüren. Die Luft war bald wieder graugrün und stickig. Ich denke an meine Mutter und den Bruder. Wie mag es denen in der Grimmstraße im Süden Berlins gehen?

Schloßruine an der Spree, den 26. April 1945

In der Panzerabwehrstellung am Märchenbrunnen wird der Spieß toben: ich habe mich vorübergehend von dort abgesetzt, um nach meiner Mutter zu sehen. Ein Melder hatte erzählt, daß die Lebensmittelversorgung in der Stadt zusammengebrochen ist, es soll sogar keinen Strom und nicht mal mehr Wasser geben. Was nutzt dann das Gerede von der Kriegswende, von dem der Melder sprach, weil angeblich Reichsaußenminister von Ribbentrop mit dem amerikanischen Oberbefehlshaber Eisenhower über einen Waffenstillstand oder sogar ein Bündnis verhandele? Ich bin seit Tagen voller Angst um meine Mutter, so kam ich auf die Idee, meine Schultasche voller Lebensmittel zu nehmen, mich als »Melder« auszugeben und mich mal schnell zum Kreuzberg durchzuschlagen. In der Nähe des Schlosses kroch ich auf einer Röhre über die Spree. Französische und holländische Fremdarbeiter fliehend, ein Auffanglager suchend, fragten mich nach dem Weg in Richtung Wannsee. Da sie keine Ahnung von Berlins Straßen haben, nahm ich mich ihrer an. Doch schon an der Grünstraße – Ecke Petrikirche hielt mich eine SS-Streife für einen Deserteur. Sie brachten mich mit den Ausländern zum Spittelmarkt, wo der für diesen Abschnitt zuständige Kampfkommandant im Keller des Leineweberhauses seinen Gefechtsstand hat. Hier wurde es schlimm! Der SS-Sturmführer, noch jung, aber völlig betrunken, brüllte mich an: »Verräter, feiges Schwein, du wolltest fliehen!« Er verlas mir einen Befehl von Reichsverteidigungskommissar Dr. Goebbels, in dem es hieß: »Provokateure oder aufsässige Ausländer sind festzunehmen oder noch besser, unschädlich zu machen, Verräter und Deserteure sind niederzuschießen oder aufzuhängen ...« Der SS-Sturmführer verkündete das Todesurteil und goß sich ein großes Glas Kognak in den Hals. Ich war vor Schrecken fast ohne Besinnung, die Franzosen stammelten in ihrer Sprache, niemand verstand sie. Wir sollten nach oben abgeführt werden, drei SS-Soldaten übernahmen den Befehl, uns zu erschießen. Da rannte ich zurück zu dem betrunkenen Kampfkommandanten und heulte vor Aufregung und Angst laut los, ich schrie: »Ich bin kein Verräter, ich will ja nicht desertieren!« Der Kampfkommandant winkte den SS-Männern zu, zwei nahmen mich in die Mitte. Zusammen mit den Franzosen und Holländern ging es nach oben. In den Kolonnaden des Kaufhauses wurden die ausländischen Arbeiter erschossen. Der Sturmführer griff mir an den Kragen meines Kampfanzuges und zischte: »Hau ab! Die nächste Streife legt dich sowieso um ...« Ein Soldat, offenbar ein Melder, teilte ihm in diesem Moment mit, daß die Russen die Jannowitzbrücke, die nur einen Kilometer entfernt ist, überschritten hätten. Ich wandte mich schnell und rannte über den Spittelmarkt in Richtung Lindenstraße.

Tankstelle Neuenburger Straße,
den 26. April 1945, abends

Mein Durchbruchsversuch in die Grimmstraße ist gescheitert. Ich weiß nicht, ob ich noch in den Friedrichshain zurück kann, denn die Russen haben Berlins Verteidigungslinien zerrissen, wir kämpfen in zwei Kesseln. Es ist wie ein Wunder, daß ich dem Tod noch ein zweites Mal entrinnen konnte. Während ich in der Lindenstraße norwegische und dänische SS-Freiwillige traf, die kameradschaftlich zu mir waren, erlebte ich am Ende der Neuenburger Straße eine böse Überraschung. Plötzlich stand ich in einer langen Trümmerstraße vor braununiformierten Soldaten, die ich zunächst für deutsche Angehörige der Organisation Todt hielt, nur ihre Maschinenpistolen machten mich stutzig. Und dann sah ich mit Entsetzen drei sowjetische Stalin-Panzer. Ich rannte wie von Sinnen zurück, ohne Hoffnung zu entkommen. Doch plötzlich hörte ich hinter mir ihr lautes Lachen und drehte mich im Laufen um. Meiner prallen Schultasche riß in diesem Moment auch noch der Trägerriemen, ich hörte das Wort »Dawai«, »schnell…« Danach lachten die Vordersten über mich, lachten sie über die Schulmappe und die Hitlerjungen-Armbinde, über meinen zu langen Karabiner, jedenfalls schossen sie nicht, ließen mich fortrennen. Ich jagte durch die Trümmerlandschaft auf dem kleinen schmalen Trampelpfad bis an die Ecke Lindenstraße, und dort stürzte ich in ein Erdloch, das ich in meiner Angst nicht gesehen hatte. Die dänischen SS-Soldaten der Division »Wiking« verstanden nicht, daß die Russen schon in der nächsten Straße waren. Einer öffnete die Feldflasche und gab mir Schnaps. Danach fiel ich in der Tankstellen-Ruine in einen todähnlichen Schlaf. Als ich jetzt aufwachte, fiel es mir schwer, diese Erlebnisse mit einem Bleistiftstummel im Tagebuch zu notieren. Am liebsten wäre es mir, ich könnte mich in einen Keller verkriechen und schlafen, bis der Krieg vorbei ist!

Panzersperre an der Schloßbrücke,
den 27. April 1945

Das Feuer raste durch alle Straßenzüge der Stadt. Der Weg von der Lindenstraße in Richtung Friedrichshain verläuft nicht geradlinig. Zeitweilig warte ich in Hausfluren (oder was davon gegenwärtig noch übrigblieb), bis die Kanonade etwas nachläßt. Natürlich bemühe ich mich auch, SS-Streifen aus dem Weg zu gehen, denn wenn ich dem Erschießungskommando des Sturmführers am Spittelmarkt und den Schüssen der Russen dicht vor dem Halleschen Tor auch entging, das Sterben kann einen in dieser Hölle von Flammen und Granaten in jeder Sekunde ereilen. Überall sieht man Gefallene und Verwundete liegen. Es ist furchtbar, daß ich keinem helfen kann, ich habe nicht einmal Verbandszeug bei mir. Am Hausvogteiplatz, neben dem Reichsbankgebäude, bin ich verwundet worden, ein kleiner scharfer Granatsplitter traf mich oberhalb des rechten Auges, ein anderer riß mir die Hose entzwei und streifte das Knie. Ich achtete nicht darauf, bis mir flau wurde. Matrosen, die am Werderschen Markt eine MG-Stellung bezogen haben, verbinden mich kameradschaftlich und geben mir zur Stärkung einen Weinbrand. Nochmals treffe ich auf eine SS-Streife, doch ich gebe mich seelenruhig als Melder aus, der zum Flakturm Friedrichshain unterwegs ist. Sie lassen mich daraufhin passieren, vermutlich weil ich in Richtung des stärksten Beschusses weitergehe. An der Schloßbrücke will ich die Spree überschreiten. Das alte Kaiserschloß brennt lichterloh, auch aus dem Dom, der schon zerstört aussieht, schlagen Flammen. Ein deutscher Panzerspähwagen flitzt die Straße Unter den Linden entlang und hält an der breiten Panzersperre vor der Schloßbrücke. Ein General steigt aus dem Wagen, zusammen mit einem Adjutanten spricht er mit der Besatzung der Panzersperre, übrigens alte Landser, mit denen ich mich gerade über die Lage in der Stadtmitte unterhielt. Der Adjutant sagte leise, daß der General der Kommandant von Berlin, General Weidling, ist, der im Auftrage des Führers den inneren Verteidigungsring kontrolliere. General Weidling spricht leise und sagt, daß Entsatzstreitkräfte von der Elbe her herbeieilen, die Spitzen dieser Armee Wenck stünden bereits bei Potsdam. Auch sei Großadmiral Dönitz mit Matrosendivisionen unterwegs, die Lage wandele sich zu unseren Gunsten. Es ist für mich fast ein komisches Bild, diese verdreckten bärtigen Soldaten an der alten Berliner Prachtstraße, zwischen Gebäuden, in denen ich so oft als Junge begeistert Besuche machte. Es sind ja die Stätten der Geschichte Preußens und Deutschlands – das Schloß, das Zeughaus, das Kronprinzenpalais und Schinkels Neue Wache, jetzt alles in Trümmern. Und dazwischen der Panzerspähwagen mit dem hohen General, der gut rasiert ist, ich glaube sogar den Geruch von Kölnisch Wasser wahrzunehmen, das glänzende Ritterkreuz hängt zwischen den roten Kragenspiegeln. »Ich melde dem Führer, daß ihr hier eure Pflicht für Deutschland tun werdet!«

Am Königstor, Märchenbrunnen-Stellung, den 27. April 1945 abends

Ich konnte neben dem brennenden Schloß die Spree noch an einem Notsteg überqueren. In der Kaiser-Wilhelm-Straße, vor der Marienkirche, deren Turm ebenfalls brannte, sah ich das große Denkmal Martin Luthers gerade in dem Moment, als eine Granate Luthers erhobene Hand abriß. An einer Wasserpumpe standen Menschen Schlange, trotz der Beschießung, die noch zugenommen hatte. Einige alte Frauen fielen über ein eben gefallenes Pferd her und zersäbelten es, dabei stießen sie ein junges Mädchen beiseite, das mich seltsam anlächelte und fragte, ob ich nicht etwas zu essen hätte. Sie sprach nicht gut deutsch und trug auch das viereckige Schild, mit den drei Buchstaben »OST« aufgenäht, was bedeutete, daß sie aus Rußland zur Arbeit nach Deutschland verschleppt worden war. Irgendwie erinnert sie mich an meine Potsdamer Freundin Marussja. Wenn ich der jetzt helfen könnte! Wir gingen in einen Hausflur, dort schüttete ich meine Schulmappe mit vielen Herrlichkeiten aus: Hartbrot, Ölsardinen, Wurst, Butter und Schmalz in Büchsen. Das Mädchen umarmte mich und weinte vor Freude. Kaum war ich aus dem Hausflur heraus und in Richtung Horst-Wessel-Platz weitergegangen, ertönte eine furchtbare Explosion, die mich an die Häuserwand warf. Alles vor mir war dunkel vor Rauch, ich floh in den nächsten Hauseingang. Nach einigen Minuten ging ich weiter. Das große Volksbühnentheater war in die Luft geflogen. In ihm waren enorme Mengen Munition gelagert, erzählte ein Volkssturmmann, der mir ein Flugblatt in die Hand drückte. In der Tornische am Friedhof Jostystraße setzte ich mich auf einen umgestürzten Gedenkstein und las das Blatt. Mit Erstaunen entdeckte ich, daß es sich um eine Kleinausgabe einer Zeitung handelte, die sich »Panzerbär« nannte. Als Wappen im Titel des Blattes ist der Berliner Bär abgebildet, der eine Panzerfaust trägt. Im fahlen Licht des schräg gegenüber liegenden brennenden Volksbühnentheaters lese ich den letzten Wehrmachtsbericht: »Im Raum Berlin wurden gestern von beiden Seiten Reserven in die Schlacht geworfen. Im Südteil der Reichshauptstadt toben schwere Straßenkämpfe, in Zehlendorf, Steglitz und am Südrand des Tempelhofer Feldes. Im Osten und Norden leisten unsere Truppen, tapfer unterstützt von Einheiten der Hitlerjugend, der Partei und des Volkssturmes am Schlesischen Bahnhof, sowie zwischen Tegel und Siemensstadt erbitterten Widerstand. Auch in Charlottenburg ist der Kampf entbrannt.«

Im Flakturm Friedrichshain, den 28. April 1945

Noch bevor ich die Batterie wieder erreichte, erlebte ich etwas Grausiges. Das Artilleriefeuer war so stark, daß ich nur langsam, von Haus zu Haus springend, zur Greifswalder Straße vorankam. Kurz vor dem Königstor sah ich von weitem etwas Merkwürdiges. Auf den Luftschutz-Deckungsgräben vor der Bartholomäuskirche standen fünf Männer, dabei hämmerten die Granatwerfer pausenlos. Eisen und Asphalt, Metall und Steine spritzten bei jedem Einschlag. Noch etwa hundert Meter entfernt, springend und dann Deckung nehmend, wieder springend, rief ich zu den Männern hinüber: »Geht doch in Dekkung!« Doch sie rührten sich nicht. Beim Herankommen fuhr ich entsetzt zusammen. Die fünf waren tot, sie hingen an den Bäumen. Nur von weitem hatte es ausgesehen, als stünden sie auf den Deckungsgräben. SS-Streifen hatten sie gehenkt, jeder trug eine Tafel um den Hals, auf der in großen Buchstaben stand: »Ich war zu feige, für Deutschland zu kämpfen. Ich habe den Führer und das Volk verraten. Darum muß ich ehrlos und in Schande sterben!« Mir wurde übel bei diesem Anblick.

Hauptkampflinie Höchste-Straße, Nähe Königstor, den 28. April 1945

Im Flakturm herrschte Aufregung: »Mensch, Dieter, hast du die Armee Wenck gesehen? Sind die Amerikaner schon gelandet?« Ich habe wohl etwas dumm dreingeblickt, dann erklärten mir die Kameraden, warum sie fragten. Der Batteriechef Oberleutnant Küttner ist mit einem Ritterkreuz ausgezeichnet worden und brachte aus dem Führerhauptquartier die Grüße Adolf Hitlers für unsere Einheit mit. Der Führer sprach von der Armee Wenck, die schon bei Ferch einen Keil in die sowjetische Umklammerung geschlagen habe, und dann ging im Haupt-

quartier die »Flüsterparole« um, daß die Amerikaner Luftlandetruppen als Verbündete unserer Wehrmacht gegen die Russen einsetzen wollen. Erst einmal hörte ich von Fred und Karl-Heinz, daß auf höchsten Befehl die russischen Kriegsgefangenen erschossen wurden, die als Hilfskanoniere in der Batterie Dienst taten. Sie hörten schon von der Kniprodestraße die »Urrä«-Rufe der stürmenden Rotarmisten...
In den fünf Stockwerken des Flakturmes liegen überall Tote und Verwundete, ein widerwärtiger süßlicher Geruch durchzieht den Turm. Wir erhielten den Befehl, die neue Hauptkampflinie in der Höchste-Straße zu beziehen. Die zwei Flaktürme stehen jetzt wie Inseln im Meer, denn die Russen sind an diesen Festungen längst vorbeigestoßen. Der Feind kann also überraschend von jeder Seite angreifen, kein gutes Gefühl. Die Versorgung mit Verpflegung und Munition ist sehr schlecht geworden, wir liegen in den Hausfluren von alten Mietskasernen, in denen die Arbeiterfrauen uns lieber gehen sehen würden. Max-Dieter Gruban ist seit drei Tagen verschwunden, er ist vermutlich nach Caputh geflohen, wo sein Vater eine große Villa besitzt. Ob ich ihn wohl jemals wiedersehe?

Hauptkampflinie Höchste-Straße, den 30. April 1945

Es kommt keine Ablösung mehr, wir sind hundemüde und haben nur noch einen Wunsch, endlich mal auszuschlafen, uns waschen zu können und satt essen zu dürfen. Drüben, an der anderen Straßenseite, haben wir gestern russische Soldaten gesehen, auf die wir das Feuer eröffnen mußten. Unser Fähnrich Siegfried war in der Nacht für kurze Zeit im Flakturm und hat für jeden etwas Hartbrot mitgebracht. Selten hat mir etwas so geschmeckt, obwohl ich Angst hatte, mir die Zähne auszubeißen. Siegfried brachte die Nachricht mit, daß der Führer die Spreeschächte der S-Bahn sprengen ließ, in denen Verwundetenzüge standen. Sie sind abgesoffen, die Soldaten und auch Zivilisten, die dort vor Bomben sicher zu sein hofften, ertrunken...!

Schönhauser Allee, Ecke Pappelallee,
den 2. Mai 1945, früh

Im Morgengrauen wurden wir von einem Melder aus der Stellung geholt. Vor dem Flakturm, aus dem Landser und auch die Soldaten unserer Batterie strömten, war Paroleausgabe: »Treffpunkt Schönhauser Allee, Durchbruch nach Norden.« Der mir das sagt, ist zufällig ein alter Bekannter – der »Schreibstubenbulle« Jänicke, der in seiner friedensmäßigen Uniform mit Riesentornister auf dem Rücken aus einem Soldatenkalender zu stammen scheint. »Was ist mit Inge Dombrowski?« frage ich. Jänicke sagt gleichgültig: »Sie ist tot. Oberleutnant Seidler hat sie erschossen, anschließend beging er Selbstmord!« Er drehte sich um, ging schnell von mir weg, um den Anschluß an die Kolonne zu finden. Ich stehe einen Moment wie gelähmt. Ist das nun das Ende? Wie ein Geist steht plötzlich Peter vor mir: »Dieter, komm! Was träumst du, wir haben einen Befehl!« Es war ganz still. Ob das nun ein gutes oder ein schlechtes Zeichen ist? Am dunklen Himmel entdecke ich den blassen Mond und sogar einzelne Sterne, im Osten steht schon ein heller Schein, bald beginnt die Morgendämmerung. Als unsere Luftwaffenhelfergruppe durch den Friedrichshain zur Greifswalder Straße hinzieht, werfe ich noch einen Blick auf die alte Stellung. Die zerschlagenen Steinfiguren von Rotkäppchen, die von Granatwerfern zerfetzten Zwerge liegen mit einem Schneewittchen, das eine Stalinorgel köpfte, zwischen den Ruinen des zerschmetterten Märchenbrunnens. Hier bin ich noch vor kurzer Zeit mit Inge entlanggegangen, mit ihr, die jetzt tot ist...

Aus den Trümmerstraßen brechen die Reste der deutschen Armee auf, anfangs in kleinen Gruppen, immer mehr anschwellend, schließlich als breite und unendlich lange Kolonne die Lothringer Straße entlangziehend, endlich den Senefelderplatz erreichend. Dabei herrscht eine seltsame Ruhe, kaum ein Soldat wagt zu flüstern, eine unheimliche Spannung liegt über diesem Marsch ins Ungewisse. Ich frage mich, wo stehen die Russen? Hat die Entsatzarmee Wenck denn Berlin bereits befreit? Und dann scheint es, als kenne niemand die Lage und die Absichten der Führung. Es wird jetzt schnell hell. Da, wo die Pappelallee die Schönhauser Allee kreuzt, scheint die Befehlsstelle zu sein, denn dort, direkt unter dem Hochbahnhof Danziger Straße, ordnet sich der Zug. Unterdrückte Befehle sind zu hören: »Zum Durchbruch nach Mühlenbeck-Prenzlau

formiert euch!« Plötzlich entdecke ich den Mann, der die Befehle gibt. Es ist der Kommandant der Flaktürme Friedrichshain, Humboldthain und Zoologischer Garten, Oberstleutnant Hoffmann. Elegant wie stets, sitzt er in einem Kübelwagen, neben ihm zu meiner Überraschung der junge Leutnant Keller, den ich vor zehn Tagen in der Wilhelmstraße zuletzt sah. Er lacht, als ich vor ihm stehe, gibt mir die Hand. Er flüstert mit dem Kommandeur, steigt dann aus dem Wagen und gibt mir den Auftrag, alle Kameraden aus dem Flakturm Friedrichshain zu sammeln. Der Kommandeur will sie um sich haben, er kennt uns ja, weil sein Gefechtsstand jahrelang in unserem Turm war. Und nun erzählt Leutnant Keller, der heute nacht aus dem Führerhauptquartier entkommen konnte, daß sich Adolf Hitler erschossen hat. Er lacht eigentümlich, als er mir erzählt, der Führer habe noch geheiratet, eine junge Dame namens Eva Braun, und dann in aller Ruhe sein Testament diktiert. »Auch Goebbels ist tot, er hat sich von seinem Adjutanten erschießen lassen, nachdem er seine fünf Kinder vergiften ließ. Und eine Armee Wenck gibt es nicht. Lediglich die Trümmer dreier Divisionen, die in den Wäldern von Beelitz verbluteten. Es gibt auch keine Wunderwaffen und keinen Waffenstillstand mit den Amerikanern. Jetzt sollen wir nach Norden durchbrechen, Großadmiral Dönitz ist Hitlers Nachfolger. Der Krieg ist noch nicht zu Ende...«
Mir wird bei diesen Worten schlecht, als ob ich mich übergeben müsse. Ich glaube, daß mein Leben keinen Sinn mehr hat. Wofür also diese Schlacht, wofür der Tod so vieler Menschen? Das Leben hat vermutlich keinen Wert mehr, denn wenn Hitler sich erschoß, werden die Russen wohl endgültig gesiegt haben. Und warum soll Dönitz das noch schaffen, was Adolf Hitler in sechs Jahren nicht erreichte? Uns erwartet das Bergwerk in Sibirien, lebenslange Fronarbeit, wie sie Propagandaminister Goebbels uns für den Fall einer Niederlage seit Jahren vorhergesagt hat. Da fällt mir seine letzte Rede ein: »Niemals wird ein Volk seinen Führer oder ein Führer sein Volk verraten...«, sagte er nicht zu Hitlers Geburtstag ähnliches? Hat der Führer nun nicht doch sein Volk verraten? Wer wird denn alles, was geschah in diesem Krieg, verantworten können?

Buchholzer Straße, Ecke Schönhauser Allee, den 2. Mai 1945, 14.30 Uhr

Morgens gegen sechs Uhr versuchte die Armee durchzubrechen. Die Panzerketten deutscher Königstiger-Panzer rasselten, dahinter hatten wir uns in langer Kolonne formiert. Hinter uns marschierten SS-Offiziere mit hochgehaltener Maschinenpistole in unserem Rücken. Erstaunlich ist, daß noch kein Schuß ertönt, wollen die Russen uns schonen oder ist für sie der Krieg schon zu Ende? Da, direkt am S-Bahnhof Schönhauser Allee, sehe ich, wie vor uns sowjetische Soldaten Panzerabwehrkanonen in Stellung bringen. Ein baumlanger Grenadier vom Regiment Großdeutschland (er trägt noch den Ärmelstreifen mit dem Namenszug) brüllt: »Es lebe der Führer, es lebe Großdeutschland!« Seine Worte gehen im Donnern russischer Geschütze unter, er wird getroffen, gurgelt, während er zusammenbricht, Unverständliches. Ein höllisches Konzert beginnt, nachdem die Russen die Panzer haben durchfahren lassen, Maschinengewehre, Pak-Kanonen, berstende Einschläge, dazu die Schreie der Verwundeten und Sterbenden. Ich stehe in einem Hauseinang, hinter mir liegt Karl-Heinz. Manfred und Peter helfen mir, ihn auf den S-Bahnhof hinunterzutragen, wo wir vor dem Geschützfeuer etwas sicherer sind. Helles Blut sprudelt ihm aus der Brust, er kommt nicht mehr zur Besinnung. Es ist erst ein paar Wochen her, da feierten wir im Friedrichshain seinen sechzehnten Geburtstag.
Oben, auf der Schönhauser Allee, fluten die Treppen zurück. Und die Russen schießen nicht mehr. Keiner will mehr kämpfen. Nur unser Durchbruch sollte verhindert werden. An der Stargarder Straße bilden SS-Offiziere zusammen mit braununiformierten Parteigenossen eine lose Kette, sie bedrohen die Zurückgehenden mit den Maschinenpistolen. »Vorwärts, Kameraden, keine Angst vor dem bolschewistischen Gesindel! Großadmiral Dönitz kommt uns entgegen!« stottert ein betrunkener Offizier mit der SS-Rune auf dem Kragenspiegel. Keiner muckt auf, als ein alter Obergefreiter den SS-Offizier mit einem Pistolenschuß niederstreckt. Mit Manfred und Peter gehe ich zurück bis zur Buchholzer Straße. Wir sind hundemüde und haben Hunger. Vom Milchladen an der Ecke schlagen wir mit den Karabinern einfach die Tür ein. Doch außer einem großen Marmeladeneimer finden wir nichts Eßbares. Wir essen seinen Inhalt ohne ein Stück Brot, die ekelhafte Süße spülen wir an einer Wasserleitung weg und sinken in einen tiefen Schlaf. Wie

viele Stunden vergingen, weiß ich nicht. Ich werde von einem fremden Laut geweckt: »Dawai, Dawai...!« Ein junger russischer Soldat, semmelblondes Haar unter dem schiefen Käppi, sammelt die Waffen ein, tritt mit dem Fuß in die laut scheppernden Stahlhelme, die zwischen den Mehl- und Grießregalen abgelegt sind. Mir ist flau im Magen, es würgt im Hals, vor den Augen flimmert es, einen Moment weiß ich nicht einmal, wo ich bin. Peter lächelt mich mit verzogenem Mund an, Manfred, der sich seit Monaten um seine Mutter sorgt, die in Königsberg eingeschlossen war, flucht leise und wirft dem jungen Rotarmisten eine bösen Blick zu. Doch der Russe nimmt unsere Stimmungen kaum wahr, er lacht jetzt und sagt etwas prahlerisch: »Woyna kapuut, Hitler kapuut... Ihr gehen nach Hause zu Babuschka!«

Nachbemerkung

Manchen Leser wird die Frage bewegen, was aus diesem oder jenem Menschen geworden ist, der in den Aufzeichnungen des Tagebuches Erwähnung fand.
Vielleicht darf auch kurz gesagt werden, was aus den Stätten wurde, in denen der Autor vornehmlich die geschilderten Ereignisse erlebte und über ihren Ablauf und die vermeintlichen Hintergründe seine Gedanken notierte.
Die gewaltigen Betonklötze der Flaktürme im Friedrichshain inmitten des gleichnamigen Volksparks und des Stadtbezirks von Berlin wurden von der Roten Armee gesprengt. Das Trümmermonument wurde in den Nachkriegsjahren zum Ziel einer neuen Eisenbahnstrecke, genannt »Trümmer-Expreß«. Seine Waggons fuhren Millionen Kubikmeter Schutt zum Friedrichshain. Berliner Gartenarchitekten gestalteten einen inzwischen grünbewachsenen Berg, umgeben von einer blumenreichen Erholungsanlage, vom Mutterwitz der »Spreeathener« auf den stolzen Namen »Mont-Klamott« getauft. Wolf Biermann hat das Panorama balladesk beschrieben:

»Die Tauben und die Spatzen
Die ersten Knospen platzen
auf Trümmern und auf Schrott
am Mont-Klamott...«

Oben, auf der eingeebneten Plattform, von wo einst die schweren Zwillingsgeschütze »Anton«, »Berta«, »Cäsar« und »Dora« ihre Salven in den Himmel schossen, kann man heute noch Reste der graugrünen Betonmassen unter jungen Birken und Tannen erkennen. Von hier aus gehört ein weiter Rundblick über die geteilte Stadt zur Touristenattraktion. Der Märchenbrunnen unten im Park am Königstor, in dessen Ruinen sich 1945 zeitweilig die Hauptkampflinie befand, ist ebenfalls wiedererstanden mit Wasserspielen und viel Baumwuchs drumherum.
Das fünfstöckige Wohnhaus Grimmstraße 17 im Bezirk Kreuzberg war das einzige dieser Straße, das den Krieg nicht überstand. Ein verblendeter Altnazi schoß mit seinem Volkssturmgewehr aus dem breiten Eckfenster in Richtung der durch die

[Wilhelms]trbanstraße auf die Reichskanzlei vorrückenden Russen. Ein Trupp der Rotarmisten goß Benzin in die drei Treppenhäuser und steckte die Heimstätte von hundert Berlinern in Brand. Aus dem lichterloh brennenden Haus flohen in letzter Minute seine Bewohner, die nichtsahnend im Luftschutzkeller gesessen hatten und vom beizenden Rauch alarmiert wurden, darunter meine Mutter und mein Bruder. Das geschah am 26. April 1945, an jenem Tag, als ich, nur noch drei Kilometer von der Grimmstraße entfernt, an der Neuenburger Straße auf die vormarschierenden Sowjetsoldaten und ihre Panzer traf, vor denen ich zu den deutschen Linien zurückeilte. Dreißig Tagebücher meiner Mutter verbrannten zusammen mit meiner ersten Bibliothek in der Grimmstraße, buchstäblich alles, was die Bewohner besaßen, wurde in der letzten Stunde des Krieges ein Raub der Flammen. Hauptmann Küttner, der Batteriechef der Flakeinheit Friedrichshain, dem am 27. April 1945 im Tiefbunker und letzten »Führerhauptquartier« von Adolf Hitler das »Ritterkreuz« verliehen worden war, wollte sich auch nach der Kapitulation der Berliner Garnison am 2. Mai 1945 noch im Sinne der letzten Befehle des Mörders in der Wilhelmstraße »bewähren«. Mit einer kleinen Gruppe deutscher Versprengter begann er eine russische Division inmitten von Kiefernwäldern nördlich Oranienburgs anzugreifen. Sein Ziel war, den »Durchbruch« nach Norden zu erzwingen. Um dem sicheren Tod durch die russische Übermacht zu entgehen, erstach ein deutscher Soldat den fanatischen Durchhalteoffizier mit dem Bajonett von hinten.
In Potsdam schrieb in der Stunde des Einmarsches der Roten Armee die ukrainische Lehrerin Marussja an die Tür des zweihundertjährigen Hauses Lindenstraße 44 in kyrillischer Schrift, daß der Gastwirt und Hausbesitzer Strauß ein brutaler Faschist sei, der »seine Ostarbeiter« vom Sicherheitsdienst mehrfach habe auspeitschen lassen. Ein sowjetisches Kommando erschoß den Gastwirt und seine Frau in den letzten Apriltagen des Jahres 1945. Meine siebzigjährige Großtante Elisabeth Becher mußte die Toten in einer Schubkarre aus dem Hof der Gaststätte »Zur alten Wache« zur Plantage an der Ruine der Garnisonkirche abtransportieren und dort selbst das Grab schaufeln, in dem sie die Eheleute beisetzte.
Inge Dombrowski und Oberleutnant Seidler starben freiwillig im Flakturm. Wo sie beerdigt wurden, ist unbekannt, da die Leichen von der Roten Armee unmittelbar nach Einnahme der Batterie geborgen und bestattet wurden.

Mein Kamerad Max-Dieter Gruban war am 24. April 1945 aus der Frontlinie in Berlin-Friedrichshain bis nach Caputh bei Potsdam geflohen. Als sich sowjetische Truppen der Villa des Weingroßhändlers näherten, erschoß Max-Dieter seine siebzehnjährige Schwester, eine Tante, die der Familie den Haushalt führte, und seinen Vater. Danach steckte er die Wohnung in Brand. Schließlich erschoß er sich, bevor die Russen das Grundstück besetzten. Es war der 1. Mai 1945, und der Reichssender Hamburg hatte gerade die »Sondermeldung« gebracht, in der es hieß, daß »unser Führer Adolf Hitler, bis zum letzten Atemzug gegen den Bolschewismus kämpfend, auf seinem Gefechtsstand in Berlin gefallen ist«.
In den Maitagen des Jahres 1945 marschierte ich als Gefangener durch verbrannte Orte und leere Geisterstädte, die auf alten Karten Namen deutscher Gemeinden trugen – Seelow, Wriezen, Küstrin, Friedeberg, Woldenberg. In Posen, wo die menschliche Kriegsbeute für die Lager in Rußland aufgeteilt wurde, brach ich mit Ruhr und Typhus zusammen und kam ins Lazarett, aus dem man mich im Spätsommer als »dystrophiekrank« entließ. Den offenen Güterwagen, angefüllt mit fiebernden Schwerstkranken, überfielen Polen, die mit Gewehren und Bajonetten auf uns eindrangen. Bewachende Rotarmisten hoben ihre Maschinenpistolen, ihre Warnschüsse verjagten die Marodeure.
Im Frühjahr 1947 begegnete mir in einem Ferienlager der eben gegründeten »Freien Deutschen Jugend« in Prieros in der Mark Brandenburg ein freundlicher, noch junger, wenn auch gereifter Mann, der mit schlichter grüner Windjacke angetan abends mit uns am Lagerfeuer saß und aufmerksam zuhörte, wenn wir Mädchen und Jungen unsere Sorgen besprachen, die Ausweglosigkeit und Verzweiflung über das Chaos des viergeteilten Landes. »Sag Erich zu mir«, forderte er mich kameradschaftlich auf und sprach mir Mut zu. Sein Bekenntnis galt dem geistigen Vermächtnis junger Widerstandskämpfer gegen die braune Barbarei. Den Einsatz christlicher Studenten wie Hans und Sophie Scholl rühmte er gleichermaßen wie den Opfertod der jungen sozialistischen Arbeiter Katja Niederkirchner und Walter Husemann. Er hatte offenbar zu ihnen gehört, im Nazizuchthaus zehn Jahre verbracht und warb nun intensiv auch um die Jugend, die vom Nationalsozialismus irregeleitet war. Der Frühgereifte hieß *Erich Honecker*. Ich hörte auf seine Worte, seine Welt, für die wir uns einsetzen sollten, würde Gerechtigkeit, Toleranz, Frieden und Mensch-

hkeit verwirklichen. Es begann ein neues Kapitel meines Lebens, und neue Diarien mit dunklem hölzernem Papier füllten sich, bis ich nach vielen Jahren erneut meine Bibliothek, darunter auch die Tagebücher, verlor, die über die Zeit des Lernens und Werdens, der Hoffnungen und des Scheiterns jener Utopie, der von Erich Honecker verkündeten und realisierten Welt berichteten. Diesmal verbrannte meine Wohnstatt nicht, Häscher in der Uniform eines Regiments, das den Namen »Feliks Edmundowitsch Dscherschinski« trägt und auf Erich Honecker als Staats- und Parteichef eingeschworen ist, fuhren Tausende von Büchern, Manuskripten und Diarien aus meiner Wohnung. Sie verschwanden für alle Zeit in den Kellern des Ostberliner Ministeriums für Staatssicherheit. Darunter befindet sich auch das Tagebuch meiner Kindheit, das die Bombennächte und die Panzerangriffe des Jahres 1945 überstanden hatte und bei der Mutter meines Schulkameraden bis zu meiner Rückkehr aufbewahrt wurde.

D. B.